무명

무명 시절, 우리가 신앙하는 것들

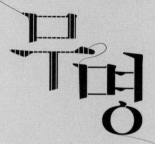

무명

김일환

규장

일러두기

이 책은 상황과 여건에 따라서, 혹은 필요한 정보를 얻기 위해서, 해당 주제만을 선별하여 읽는 것을 비추천합니다. 이 책은 처음부터 끝까지 다 읽을 것을 추천합니다. 문학 작품을 읽을 때, 그 안에 있는 내용을 시작과 마지막까지 읽어야 난해했던 모든 이야기가 이해되듯, 이 책도 그렇게 만들어졌기 때문입니다.

이 책의 특정한 반점, 온점, 〈 〉, _의 사용은 저자 강조임을 밝힙니다.

지금 우리는 신앙생활 하기 힘든 시대를 살고 있습니다. 복음을 전하는 일은 더욱 어렵습니다. 예수 그리스도만이 길이고 진리라고 외치면 편협하고 꽉 막힌 사람이라고 마음을 닫아버리기 일쑤입니다.

이처럼 예수 잘 믿기 힘든 시대를 사는 우리이지만, 그러나 그럼에도 인내하며 묵묵히 걸어가야 할 길이 있습니다. 그리고 이처럼 묵묵히 걸어가는 이름 없는 그리스도인들의 애씀을 격려해주는 일이 계속되어야 합니다.

저자 김일환 전도사님은 전작에서 '혼자'로 살아가는 그리스도인의 마음을 읽어주었습니다. 이번 책에서는 신앙 안에서 꿈을 좇고 믿음 안에서 훈련받았지만, 현실에서는 어떤 특별한 결과물도 만들어내지 못한 '무명'의 그리스도인들과 그들의 무명의 시간을 주목합니다.

꿈을 좇는 그리스도인, 그 그리스도인이 훈련과 무명과 사명과 유명의 시간 그 어디에 있든지, 하나님을 가장 크게 보는 하나님의 사람이 되어야 한다고 이야기합니다.

특히 세상과는 다른 가치를 가지고 살아갈 것을 권합니다. 마지막 '유명'의 순간이 다가온다면 그 유명의 시간을 자신의 유익을 위해 사용하는 것이 아니라 주님의 사역을 위한 수단으로 사용해야 한다고 강조합니다.

이 책을 통해 자신의 인생과 신앙을 새롭게 이해하는 방식을 배우고, 주님이 말씀하시는 사명을 배워나가기를 기대합니다.

이찬수
분당우리교회 담임목사

참 좋은 책, 아름답고 감동적인 책입니다. 세심한 문구에 따뜻한 시선과 냉철한 방향지시를 함께 담고 있습니다. 원고를 읽으며 노래 몇 곡을 찾아 듣고, 성경 구절 몇 군데를 새롭게 묵상했습니다. 수차례 감탄을 내뱉었고, 뜨거운 삶의 이야기에 감동의 눈물도 흘렸습니다. 저자의 성경해석은 자신의 체험과 그가 숙독했던 문학작품과 공명하고 신학적 숙성의 과정을 거쳐 감동과 울림의 메시지로 다가 왔습니다. 툭툭 내뱉어진 경구들은 마음에 파장을 일으키며 기존의 생각을 흔들고 미지의 지평을 열어놓았습니다.

누구를 위한 글일까, 생각해보니 우리 시대의 청년들이 제일 먼저 떠올랐습니다. 실패와 성공을 오가는 청년들을 위해 수많은 자기개발서와 성공전략들이 쏟아져 나오고 있습니다만, 참으로 신앙적 관점에서, 그리고 신학적으로 균형 잡힌 시각에서 '삶을 어떻게 살아야 하는지'를 따뜻하고 따끔하게 말해주는 책은 거의 보지 못했습니다. 이 책은 그 흔해 빠진 꿈과 비전, 사명이라는 단어의 오용과 남용을 비판하면서, 성공과 대박을 노리면서 정작 '자신'을 잃어가는 이들에게 '뭣이 중헌디'를 따끔하게 되묻고, '그러면 무엇을 어떻게'를 따뜻하게 모색한다는 점에서 참으로 소중합니다.

갓 대학을 졸업하고 무명의 시절을 보내고 있는 청년

들, 몇 차례, 몇 년간의 실패로 인해 숨죽이며 불안해하는 청년들, 좌절과 절망으로 마음이 딱딱해져 세상을 등지고 자기 속으로 기어 들어가고 싶은 청년들에게 진심으로 일독을 권합니다. 뿐만 아니라 이미 유명해진 청년들, 소위 출세했고 탄탄대로를 달리는 중이라고 생각하는 청년들도 진지하게 자신의 삶을 염려하며 찾고 있다면 이 책을 한 번 읽어보면 좋겠습니다. 청년들만이 아니라 이들을 곁에서 바라보며 기도로 응원하고 있는 부모님과 교회 공동체도 이 책을 통해 삶을 보는 시선이 달라지기를 기대합니다.

예수 그리스도께서 삶의 길, 진리의 길이 무엇인지를 직접 보여주셨건만, 우리는 세상의 흐름과 유행에 속아 진리와 생명 되신 그분이 열어 밝혀주신 그 길을 망각하고, 자신의 야망과 비전을 그분의 사명으로 각색할 때가 있지 않았습니까. 삶이 무엇인지, 그리스도인은 참으로 어떤 자세로 삶을 살아야 하는지를 짧고 강렬하게, 따뜻하고 명쾌하게 들려주는 이 책을 저는 무명의 청년들뿐 아니라 길을 찾는 모든 무명의 그리스도인들에게, 그리고 이미 광장에 서 있는 유명인들에게도 진정 권하고 싶습니다. 우리는 삶의 길에서 수행자이지만 여전히 구도자로서, 그리스도의 길을, 또한 내 자신의 삶의 길을 항상 다시금 묻게 됩니다. 저자의 말대로, 길의 문제가 아닙니다. 길을 찾으며 걷는 나 자신의 문제입니다. 길을 바라보는 나 자신의 시선과 태도가 바뀌면 길가에 선 꽃들의 환한 미소를 보게 될 것입니다.

박영식
서울신학대학교 교수,
《그날 하나님은 어디 계셨는가》의 저자

—

　그리스도인으로서 그대는 얼마큼 하나님을 미워해보
았는가. 얼마큼 하나님을 원망해보았는가. 이를 갈고 갈아
섭히는 것들이 너덜해질 정도로 하나님을 물어뜯어본 적
이 있는가. 만약, 그대가 하나님을 향해서 이런 감정을 가
져본 적이 없다면, 그대의 신앙이 좋아서 그런 것은 아니
다. 그대의 신앙이 순수하거나, 착해서 그런 것도 아니다.
무엇보다 축복을 받았거나, 훈련을 잘 받아서 그런 것은
더더욱 아니다.

　단지, 그대가 하나님을 향해 '전적'全的이어본 적이 없
는 것뿐이다. 그대 영혼의 가장 소중하고 순수한 덩어리를
그분의 발 앞에 깨트려본 적도 없고, 그대의 눈물과 머리
털로 그분의 발을 닦아본 적이 없는 것이다. 정말이지 그
런 것뿐이다.

　하나님을 향해서 한계까지 가본 사람의 내력은 모두

비슷하더라. 삶이 혼돈하고 공허하며 흑암이 깊음 가운데서(창 1:2), 폐부를 뚫고 토해내는 마지막 호흡까지도 망설임 없이 그분께 드린 것이다. 그리고 그들은 모두 그 바닥에 엎드러졌다. 슬피 울며 이를 갈아, 하얗고 시린 고백을 토악질하였다. 번역한즉, '당신의 뜻을 이루소서'_Fiat voluntas tua

—

'하나님의 대답은 무엇인가?' 신앙의 역할은 여기에 존재를 걸어보는 것인데, 얄궂게 생긴 시대의 얼굴은, 감히 하나님의 대답을 대신한다. 가시를 바르고 생선살을 긁어 파내듯, 숟갈에 살점만 가득한 해답이, 하나님의 대답이라고. 여기서 신앙의 역할은 아가리가 찢어지게, 너의 숟가락을 넓히는 것이라고 말이다. 더 이상 '소망과 야망'은 다른 얼굴을 하지 않는다. '사명과 유명'은 다른 표정을 짓지 않는다. 모두가 무람없는 성찬을 원할 뿐이다. 다 잘 될 거라고, 긍정의 힘을 가지라고, 하나님은 너의 편이라고 말이다.

선지자의 외침은 거세당했다. 하나님의 대답을 잃어버렸다. 한때는 하나님을 대답을 읽어버렸던 시대도 있었는데, 이제는 유장한 강물같이 흘러 내려오는 전설과 같은 이야기가 되어버렸다. 정녕, 하나님의 대답은 무엇이란 말인가.

—

성경이 일깨워주는 하나님의 대답은, 사람이 지닌 말의 응답 같지 않다. 'A' 또는 'B' 같은 명쾌한 선택들이 아니다(물론 때에 따라서 그럴 수도 있다). 오히려 성경에서 일깨워주는 하나님의 대답은, 'A'(알파)와 'Ω'(오메가)이신 그분의 존재와 그분이 존재하는 방식을 이해하는 것이다. 그때 그리스도인이 당면한 구겨진 삶의 의문들이 마법같이 이해된다.

칼 야스퍼스는 철학의 과제를 "포월자의 암호를 해독하는 것"이라고 말한다. 지천에 널려 있는 '신의 암호'를 해독할 때, 나를 마르고 닳도록 문질렀던 삶의 아픔은, 전능한 신의 지문이 되어 사랑으로 현현한다. 의미를 만날 때, 우리 모두는 욥이 되는 것이다. 자신의 몸을 긁었던 기왓장을 버리고 아삭한 웃음으로 이제는 하나님을 눈으로 뵈옵는 것이다. 그러니, 성경에서 제시한 마법 같은 광경을 동경한다면, 우리가 선지자가 되는 수밖에 없다.

—

이 책은 그런 사람들을 위해서 만들어졌다. 하나님께 전적인 사람들. 공허하고 아련한 삶의 폐부를 뚫고 올라온 마지막 한 호흡까지 주님께 드리려고 하는 사람들. 자신의 눈물과 머리털로 한 조각의 망설임 없이 그분의 발을 닦는 사람들. 그래서 기꺼이 선지자가 되고자 하는 사람들 말이다. 그러나, 그런 '사랑과 충성'을 주께 드려도, 바닥 같은 현실을 사는 사람들. 그런 '아름다운 믿음'과 상관없이 '괴상한 현실'에 비명을 지르는 사람들. '신앙의 추구'와 상관없이 '누구도 이해할 수 없는 아픔'을 가진 사람들. 믿음으로 살지만, 고운 모양이 하나도 없는 사람들 말이다.

조금 더 쉽게 표현해보자면, 신앙을 가지고 있지만, 믿음으로 살지만, 도무지 잘 안 되는 그대와 같은 사람들 말이다. 매일매일 연습해도, 단 한 번의 무대조차 주어지지 않는, 그대와 같은 사연들 말이다. 그래서 도무지 하나님이 밉고 원망스러워서, 이제는 이까지 갈리는 그대의 슬픔을 위해서 말이다. 우리는 그걸 '무명'無名의 시간이라고 부르자.

—

그들을 위로하고 싶었다. 그대를 안아주고 싶었다. 감

14

히 시인의 자리를 탐내는 것은 아니지만, 그대를 위해 노래를 부르고 싶었다. 그대가 잘못된 것이 아니라, 아직 우리는 '하나님의 대답'을 충분히 이해하지 못했다고. 더 쉽게 말해, 아직 우린 'A'(알파)와 'Ω'(오메가)이신 그분의 존재와 그분의 존재 방식을 충분히 이해하지 못했다고. 그대의 '무명'은 사실 잘 가고 있는 거라고. 그대의 신앙은 선지자들같이 비범할 수 있고, 선지자들의 신앙은 그대처럼 괴로워했다고. 그래서, 거의 다 왔다고.

—

한여름 밤 동안 보이지 않는 빛을 좇으며 글을 썼다. 동방박사의 심정이 조금은 이해가 되는 여름밤이었다. 나의 삶은 여전히 마구간이지만, 이 자리에도 예수가 오시기를 기도한다. 이런 글이 빛을 보게 도와주신 규장 출판사의 여진구 대표님과 편집팀에 감사를 표현한다.

오늘의 나와 나의 오늘 사이에 함께하는 '우리가본교회' 식구들에게 감사를 전한다. 담임전도사로서 여전히 부끄럽지만 나에게 서시를 알려준 이들이다. 절망 속에 희망 읽기를 알려주신 서울신대 박영식 교수님과, 동역자로 불러주신 태현, 찬윤, 수진에게 고마움을 전한다. 이들은 한결같은 지지와 응원으로 부족한 나를 지원해준 분들이다. 요즘 들어 나를 뜨겁게 하는 홍정표 목사님께도 고마움을 전한다. 그리고 무엇보다 나를 진심으로 미워했던 이들에게 고마움을 전한다. 나는 그들로 인해 새롭게 태어날 수 있었다. 진실로, 이 책도 그들로 인해 탄생할 수 있었다.

끝으로 나의 아내 해라와 나의 딸 미소에게 머리 숙여 감사를 전한다. 해라와 미소는 내가 꿈꾸는 그 곳이자, 살아갈 이유를 준 유일한 존재다.

김일환

그대의 신앙은 선지자들같이 비범할 수 있고
선지자들의 신앙은 그대처럼 괴로워하더라

꿈

1장

그리고
그래서
그렇기에
그러니까

그대가 꾸는 꿈은 그것이 무엇이든,
개꿈일 수밖에 없습니다_

인생을 이해하는 방식

저는 그대의 얼굴도 이름도 나이도 상황도 모릅니다. 그러나 이 책의 첫 페이지를 넘길 그대의 기대감은 보이기에, 조금은 무거운 마음을 가지고 있습니다. 그대의 마음이 글자로 적혀 있지는 않지만, 그 마음을 충분히 헤아릴 수 있을 것 같습니다. 왜냐하면 저도 그러했으니까요.

그대는 분명 꿈을 찾고 있거나, 꿈을 좇고 있거나, 광야의 시절을 보내고 있을 것입니다. 꿈이 없는 사람은 목적지를 보기 원하고, 광야의 시절을 보내는 사람은 갈라진 목과 비틀어져 꺾인 마음을 적셔줄 오아시스를 찾고 있을 것입니다. 그런 그대에게는 〈지혜〉와 〈의미〉가 절실할 것입니다. 무엇보다 그대는 수많은 구도자가 두드렸던 진실을 원하는지도 모르겠습니다. 가능성의 덩어리와 선택의 신호등 앞에서 무엇이 나를 향한 하나님의 뜻인지 구하는 진실함 말입니다.

그러나 결론적으로 이야기하면, 이 책을 끝까지 다 읽어도 그대가 원하는 답은 주어지지 않을지 모르겠습니다. 마치 이스라엘 백성들이 광야에서 하나님의 영광을 보고,

기적을 보고, 십계명이 주어지고, 하늘에서 먹을 것이 주어져도 그들이 있는 곳이 여전히 광야라는 사실은 변함이 없었던 것 같이요. 이 책을 구석구석 읽어내도, 그대에게 주어진 객관적인 사실은 한 가지도 변하지 않을 것입니다. 다만 한 가지는 변할 것 같습니다. 그것은 그대가 그대의 인생을 이해하는 방식입니다.

사실은 그리스도인 1

〈인생을 이해하는 방식〉에 대해서 조금 더 이야기해 봅시다. 그대는 인생의 다양한 이해와 방향, 모양과 방식 그리고 그것을 이끌어 가는 중력과 속력에 마냥 즐거워할 수 없는 사람입니다. 오히려 그 시간 앞에서 쉼표와 물음표를 사용해야 하는 사람입니다. 그 이유는 그대가 〈그리스도인〉이기 때문입니다. 확실히 그리스도인이 인생을 이해하는 방식은 무엇이 되었든지 조금 다르긴 합니다.

그렇다면 그리스도인이란 무엇일까요? 〈그리스도인〉이라는 호칭은 여러 가지 정의가 가능합니다. 물론 지금 이 호칭에 대해서 날카로운 신학적 논쟁을 하려는 마음은 없습니다. 그러나 〈그리스도인〉이라는 호칭은, 이 세상 사람들과는 확실하게 다른 도덕, 다른 기준, 다른 가치관, 다른 목적을 가지고 살아가는 사람입니다.

물론 신앙의 정도에 따라서, 그대가 생각하는 그리스도인의 가치를 삶의 중심에 두지 않고 변두리에 몰아내고 사는 사람도 있을 것입니다. 또 교회에서 특별한 봉사나 구체적인 섬김의 모양을 찾아볼 수 없는 사람, 확실한 경건의 습관이 형성되지 않은 사람도 있습니다. 흔히 말하는 선데이 크리스천Sunday Christian으로, 주일에만 예배에 나오는 사람들도 있고, 소위 교회를 잃어버린 성도라고 불리는 가나안 성도(크리스천이지만 교회에 출석하지 않는 사람)도 있습니다. 요즘은 코로나19COVID-19로 더 혼란스러워졌습니다. 그러나 선데이 크리스천이나 가나안 성도 말고도, 우리 주변에는 그리스도인 같지 않은 그리스도인이 다양한 모양으로 더 많이 있습니다. 여기서 그대에게 묻습니다. 이들에게도 〈그리스도인〉이라는 호칭을 붙여주어야 할까요? 그대는 어떻게 생각하나요? 그대는 이런 사람들을 생각하면 눈살이 찌푸려지나요?

그런데 그렇더라도 이분들 역시, 그리스도인입니다. 왜 그럴까요? 그것은 예수 그리스도가 그 한 사람을 만나주셨기 때문입니다. 물론 과거의 경험일 수 있지만, 그 경험은 정확하고 강렬한 것이기에, 그들의 마음 한편에는 분명 하나님을 그리워하는 감각이 있을 것입니다. 그것이 반성의 모양이든, 후회의 모양이든, 소망의 모양이든 말입니다. 그래서 희미하지만, 그들의 삶에도 다른 도덕, 다른 기준, 다른 가치관, 다른 목적이 있습니다.

　여기서 그대는 의문이 생길 것입니다. 그것을 어떻게 확신하냐고요? 주일에만 그리스도인이고 평일에는 하나님을 전혀 모르는 사람처럼 산다고요? 나의 직장 동료가, 나의 직장 상사가, 나의 부모님이 그렇다고요? 물론 그럴 수도 있겠습니다. 그러나 제가 사역자로서, 그대가 가볍게 무시하는 그런 그리스도인을 깊게 심방하면서 공통적으로 깨달은 것이 있습니다. 사실, 그들은 다시 신앙을 회복하기를 꿈꾸고 있다는 것입니다. 그리고 그들은 자신이 그리스도인이라는 사실을 부인하지 않는다는 것입니다. 비록 술을 마시고, 담배를 피우고, 클럽에 가서 찐하게 놀고, 회식 자리에서 추태를 부려도 말입니다.

　글을 쓰면서 저는 단순한 정돈을 하고 싶었습니다. 그대가 욕하고 비웃고 별로라고 깔보는 사람도, 사실은 〈그리스도인〉이라는 것입니다. 자신의 인생을 다르게 이해하는 방식을 가지고 있는 그리스도인 말입니다. 그리고 이 지점은 이 책을 진행해 나가는 동안 상당히 중요한 영역이 될 것입니다. 그러나 그 중요성에 대해서는 나중에 논의해보도록 하겠습니다.

사실은 그리스도인 2

　그대가 언제 예수 그리스도를 인격적으로 경험했는지 모르겠습니다. 어떤 이는 모태신앙으로, 가랑비에 옷 젖듯이 기독교 진리의 문법이 삶의 문법으로 자연스럽게 젖어 드는 사람도 있을 것입니다. 어떤 이는 탕자처럼 회심하여, 예수를 믿기 이전과 이후가 완전히 다른 삶을 사는 사람도 있을 것입니다. 또 어떤 이는 회심이나 회개의 경험 없이, 자연스럽게 신앙생활을 하는 사람도 있을 것입니다. 참으로 다양한 과정과 경험들로 우리는 예수 그리스도를 처음 만났습니다.

　이렇게 인간이 하나님을 만나는 과정을 신학적 용어로는 〈회심〉이라고 하고, 혹은 〈중생〉이라고 하고, 또는 〈거듭남〉이라고도 합니다. 신학교에서는 이것을 두고 나름 재미있는 논쟁을 합니다. 예수 그리스도를 인격적으로 경험하는 과정과 순서 그리고 방법으로, 그 사람의 회심이 진짜 회심이냐, 가짜 회심이냐를 가르는 논쟁입니다. 신학은 인간의 이런 변화가 순간적인지, 점진적인지를 깊게 논쟁합니다. 인간에게 남아 있는 죄성이 여전히 살아 있는지, 완전히 죽을 수 있는지 날카로운 다툼을 합니다. 신학교를 다닐 때는, 저 역시 이런 논쟁에 진지했지만, 현장에서 직접 사역하면서는 이런 논쟁이 얼마나 공허하고 허무한지 알게 되었습니다. 그 이유는 조직신학에서 말하는 회심의 방법과 유형보다, 성도들은 더 다양한 회심의 방법과 유형을 가지고 있기 때문입니다.

제가 사역했던 교회에는 교회의 봉사와 섬김에 누구보다 진심을 쏟는 분이 있었는데, 그 모습은 모든 사람에게 귀감이 되었습니다. 누가 봐도 그분은 예수님을 제대로 만난 사람이었습니다. 우연히 그분과 식사할 기회가 생겨서 그분이 어떻게 예수를 믿었는지 궁금해서 물었습니다. "집사님은 어떻게 신앙을 가지게 되셨나요?" 그런데 집사님이 참으로 기가 막힌 대답을 합니다. "우연히 등산하다가, 수많은 나무와 풀과 흙을 보면서 예수를 믿었습니다." 그 말이 잘 이해가 되지 않아 구체적으로 다시 물었더니 이렇게 말씀하십니다. "산에 있는 모든 풍경이 너무나 아름다웠고, 그 모든 것이 창조주를 찬양하는 것 같았습니다. 그래서 갑자기 하나님이라는 분이 궁금해졌고 동네에 있는 가까운 교회에 나가게 되었습니다."

또 이런 분도 있었습니다. "저는 교통사고를 당해서 죽을 뻔했는데, 그 찰나의 순간에 하나님께 기도했습니다. 만약 제가 지금 산다면, 어머니가 나에게 평생 이야기하시던 예수를 믿겠습니다." 비록 그분은 한 다리를 잃으셨지만 목숨을 구했고, 그 후로 아주 성실하게 교회를 나가게 되었다고 이야기합니다. 이분들의 이야기가 특별한 이야기일까요? 아닙니다. 그대가 다니고 있는 교회에서 신앙생활을 하는 분들의 이야기처럼 보편적인 이야기입니다. 오히려 더 다양하고 더 재미있는 이야기들이 많이 있을 것입니다.

그대가 알게 모르게, 이론적으로 알고 있는 회심의 방법, 회개의 모양이 있습니다. 보통 이런 메커니즘^{mechanism}일 것입니다. 설교 시간에 혹은 기도 시간에 자신이 〈죄인〉이라는 것을 확실하게 깨닫고, 회개함으로 예수를 영접하는 것입니다. 인간이 죄인이라는 깨달음과 예수가 구원자라는 깨달음을 동반한, 영접기도입니다. 물론, 신앙생활을 하면서 이런 현상은 필연적이겠지만, 신앙생활의 진짜와 가짜를 가르는 필연적 질문인지는 모르겠습니다. 이런 회심의 메커니즘을 신학적으로 정리한 마르틴 루터^{Martin Luther}, 존 칼빈^{John Calvin}, 존 웨슬리^{John Wesley}는 위대한 사람들이지만, 이분들도 단지 그 시대의 사람들일 뿐입니다. 《신의 미래》(도마의길)의 저자인 필립 젠킨스^{Philip Jenkins}가 말한 것처럼, 서구의 신학이 파악하지 못한 아프리카, 라틴아메리카, 아시아에 있는 사람들은 더 다양한 방법들로 예수를 믿고 있습니다. 우리 동네 교회에 있는 집사님들, 권사님들처럼 말이죠.

물론, 이론은 중요합니다. 그러나 이론이 모든 현상을 설명할 수 있을까요? 이론을 중심으로 현상을 이해할 수도 있겠지만, 그리스도인의 회심을 이해하는 순서는 역순서가 되어야 하지 않을까 생각합니다. 그리스도인의 회심의 다양한 현상을 정리하여 이론으로 만드는 작업 말입니다. 자기가 만난 예수만 진짜가 아니라, 다른 사람이 만난 예수도 동일한 진짜임을 〈공감〉하는 것이, 우리에게 정말 필요한 정신이 아닐까 합니다.

또 단순한 정돈을 하고 싶었습니다. 그대가 알고 있는 알궂은 신학적 지식과 신앙적 경험으로, 타인의 회심을 의심하지 말라는 것입니다. 선명한 회심의 경험이 없는 사람도, 사실은 〈그리스도인〉이라는 것입니다. 정직하게 고백하건대, 저 역시 저의 회심의 모양을 정의할 수 없습니다.

마지막 단순한 정돈을 해봅니다. 그렇다면 결국 〈그리스도인〉이라는 것은 어떤 공통점이 있는 것일까요? 서로 신앙의 목표도, 수준도, 모양도, 회심의 과정도 전부 다른데 〈그리스도인〉이라는 이름의 우리에게 교집합은 존재하기나 한 걸까요?

그러나 결론적으로 이야기하면, 있습니다. 아주 분명하게 있습니다. 확실한 공통점이 있습니다. 이 공통점은 구약에 있는 사람들과 신약에 있는 사람들 모두 시대를 초월해서 동일합니다. 그리고 과거의 그들과 오늘을 살아가는 우리 역시 언어와 역사 그리고 세계를 초월해서 동일한 교집합이 있습니다. 그것은 〈꿈〉입니다. 저는 그것을 일단, 가장 보통의 언어로 〈꿈〉이라고 말하고 싶습니다. 그러나 이것도 몇 가지를 더 논의한 다음에 이야기해보도록 하죠.

서로 다른 그리스도인

성경은 어떤 책일까요? 사실, 이런 질문 자체가 웃기죠? 다시 질문해보겠습니다. 성경은 어떤 기법으로 쓰인 책일까요? 모든 성경은 하나님의 감동으로 쓰인 책이기는 하지만, 성경이 즐겨 쓰는 기법이 있습니다. 그것은 문학입니다. 성경에 있는 대부분의 이야기는 문학적 구조 Literary structure로 되어 있습니다.

그 문학적 기법은 반드시 하나의 이야기를story 담고 있습니다. 그리고 그 문학적 구조로서 이야기는, 하나의 인물이 중심이 되어 갈등하고, 결심하고, 깨닫고, 아파하고, 성숙하는 과정을 그리고 있습니다. 이것이 그대가 알고 있는 아담과 하와, 아브라함, 이삭, 야곱, 요셉, 모세, 삼손, 다윗 등등입니다. 그리고 그 이야기 속에 담겨 있는 인물들은 모두, 정확한 의미에서 하나님을 만난 사람들입니다.

그런데 정말 재미있는 사실이 있습니다. 이들이 서로 완벽하게 다르다는 것입니다. 이들만큼 정확하게 하나님을 만난 사람들이 없는데, 이들은 완벽하게 서로 다른 사람입니다. 물론 그대는 이런 생각을 할 수도 있을 것입니다. 그거야 환경 때문에, 조건 때문에, 상황 때문에, 다른 것이죠. 물론 그렇겠지요. 그런데 신기한 것은 하나님도 이들을 각각 다른 방법으로 만나주셨다는 점입니다.

　　저는 재미있는 상상을, 재미있는 생각을 해봅니다. 아브라함과 여호수아가 같은 시대에 있었다면 이들은 서로 대화가 되었을까요? 모세와 다윗이 같은 시대를 살았다면 이들은 서로 협력하며 살 수 있었을까요? 에스더와 한나가 같은 기도의 자리에 있었다면 이들은 함께 한마음으로 손을 잡고 기도할 수 있었을까요? 아닙니다. 아마 같은 현상을 두고도 완벽하게 다른 태도를 보였을 것입니다. 조금 웃기지만, 한 가지 예만 들어보겠습니다.

　　하나님 : 가서, 저 땅을 차지해라.

　　아브라함 : 본토 친척 아비집을 떠나서, 단숨에 나가겠습니다.

여호수아 : 아브라함, 뭐가 그렇게 급하시나요? 한국에는 "돌다리도 두드려보고 건너라"라는 속담이 있어요. 그 땅을 차지하기 위해서 저 민족은 어떤 성격이고, 지리적 특징은 어떤 것이고, 특산물은 뭐고, 농작물은 뭔지, 구체적으로 봐야 하지 않습니까? 그래서 저는 열두 명 정도 그 땅에 정탐꾼을 보내겠습니다. 그 후 열두 명의 정탐꾼이 하는 보고를 일일이 들어보고 그다음에, 하나님께 다시 물어보겠습니다. 그리고 그 땅을 일곱 바퀴 정도 직접 돌아본 뒤에, 그 땅을 차지할지 말지 결정하겠습니다.

아주 많이 웃긴 이야기지만, 하나님의 같은 명령을 두고도 아브라함과 여호수아는 서로 완전히 다르게 생각할 것입니다. 아브라함은 하나님의 명령을, 침착하게 고민하고 연구하고 따져보는 여호수아를 믿음 없는 사람으로 생각하고 매우 답답한 사람으로 여길 것입니다. 반면, 여호수아는 무작정 떠나버리는 아브라함을 보면서, 무식한 사람이라고 생각할지도 모릅니다. 이들뿐만 아니라 구약에 나와 있는 모든 사람은 같은 상황을 두고도 완벽하게 다른 판단을 내릴 것 같습니다. 신약에 나와 있는 사람들은 더욱 그렇습니다. 베드로와 바울이 다르고, 요한과 디모데가 다릅니다. 예수님의 열두 제자는 예수님과 함께 3년 동안

〈삶〉이라는 것을 공유했습니다. 직접 예수님의 삶을 보았고 예수님의 가르침을 들었습니다. 그러나 열두 제자는 모두 완전히 다릅니다.

그대는 이 지점이 신기하지 않습니까? 동일한 하나님을 경험했는데, 한 분이신 하나님을 경험했는데, 그것을 소화한 인간의 모양이 다릅니다. 신앙을 경험한 그 사람의 가치관, 판단력, 생각, 인식, 말투, 습관, 심지어 신앙마저 극과 극으로 다릅니다. 마치 다른 하나님을 섬기는 것 같이요. 그러니 그동안 그대가 배운 '그리스도인의 기준(표준)'을 이제는 다르게 생각해볼 때입니다.

나와 '다르다'는 것이, '틀리다'라는 것은 아니기 때문입니다. 그대가 신앙생활을 하는 교회의 지체들을 구체적으로 생각해보십시오. 그대와 같은 가치관, 판단력, 생각, 인식, 말투, 습관 그리고 신앙을 가진 사람이 있나요? 그대가 모태신앙이라도 그대의 부모와 다를 것입니다. 그대가 탕자처럼 회심할 수 있도록 가르침을 준, 그대의 스승과도 다를 것입니다. 유년부에서 고등부까지 같은 교회에서 신앙생활하며, 같은 가르침을 받았음에도 불구하고, 그대는 그대의 친구들과 다를 것입니다. 하물며 제3의 관계에서 시작된 그대의 직장동료, 학교 선후배, 이성 친구, 배우자까지 모두 같은 그리스도인이라도 다른 것이 당연합니다.

이것은 이상한 것이 아닙니다. 어쩌면, 그런 그리스도인들에게 하나의 목표, 하나의 표어, 하나의 규범으로, 똑같은 하나가 되게 하려는 생각이 진정 이상한 것이 아닐는지 모르겠습니다.

왜 꿈을 주셨을까?

그렇다면 이렇게 완벽하게 다른 그리스도인의 공통점은 무엇일까요? 저렇게 완벽하게 다른 하나님의 사람들이 가지는 공통점은 무엇일까요? 그것은 앞서 말했지만 그들이 〈꿈〉을 가지고 있다는 것입니다.

구약에 있는 수많은 사람은 완벽한 의미에서 서로 달랐지만, 그들은 하나님을 향한 꿈을 가지고 있었습니다. 신약에 있는 사람들도 동일합니다. 완전히 다른 성향과 가치관, 판단력을 가지고 있을지라도, 하나님을 향한 꿈을 가지고 있었습니다. 그러나 여기에는 중요한 것이 하나 있습니다. 하나님의 사람들이 동일한 꿈을 꾸고 있지는 않다는 것입니다. 꿈을 꾸고 있다는 것이 동일한 것입니다. 그 꿈은 아주 다양하고 다채로운 모양입니다.

성경을 구체적으로 보면 아주 이상할 만큼, 하나님의 사람들은 가슴에 무엇인가 묵직한 것을 품고 있었습니다.

아브라함도, 모세도, 다윗도, 에스더도, 한나도, 베드로도, 바울도 각자 자신만의 것으로 가슴 한편에 꽤 묵직한 덩어리를 품고 살았습니다. 그 덩어리는 분명 서로 다른 색채를 가지고 있지만, 하나님을 향한 꿈이었다는 것은 공통점입니다. 그들은 그 묵직한 덩어리를 가지고 이 세상 논리가 도저히 이해할 수 없는 방식으로 살아갑니다. 바보처럼 보이고 미련해 보이며, 심지어 우울해 보이기까지 합니다. 저는 특히 바울을 볼 때마다 한없는 연민의 마음이 듭니다. 바울의 이야기를 들어볼까요?

그들이 그리스도의 일꾼이냐 정신 없는 말을 하거니와
나는 더욱 그러하도다
내가 수고를 넘치도록 하고 옥에 갇히기도 더 많이 하고
매도 수없이 맞고 여러 번 죽을 뻔하였으니
유대인들에게 사십에서 하나 감한 매를 다섯 번 맞았으며
세 번 태장으로 맞고 한 번 돌로 맞고 세 번 파선하고
일 주야를 깊은 바다에서 지냈으며
여러 번 여행하면서 강의 위험과 강도의 위험과
동족의 위험과 이방인의 위험과
시내의 위험과 광야의 위험과
바다의 위험과 거짓 형제 중의 위험을 당하고

또 수고하며 애쓰고 여러 번 자지 못하고 주리며

목마르고 여러 번 굶고 춥고 헐벗었노라

이 외의 일은 고사하고

아직도 날마다 내 속에 눌리는 일이 있으니

곧 모든 교회를 위하여 염려하는 것이라

누가 약하면 내가 약하지 아니하며

누가 실족하게 되면 내가 애타지 아니하더냐

고린도후서 11장 23-29절

그대는 이렇게 살 수 있습니까? 육체의 고난은커녕, 마음속에 손톱만 한 인격의 뒤틀림만 있어도, 사자같이 화를 내는 것이 그대 아닙니까? 약간의 억울한 노동과 그에 따른 피곤한 모양만 있어도, 세상에서 가장 억울한 피해자처럼 말하는 것이 그대 아닙니까?

도대체 바울은 왜 이러고 사는 걸까요? 그에게 주어진 인생은 소중하지 않았을까요? 그의 육체는 돌덩어리일까요? 그는 더위와 추위와 배고픔을 모를까요? 그는 외로움을 모를까요? 그대는 간편하게 이런 생각을 할 것입니다.

"바울은 예수를 직접(?) 만났으니까"

"바울은 성경의 위인이니까"

"바울은 특별한 사도니까"

그러나 성경의 인물들을 이렇게 생각하는 것만큼, 성경을 잘못 보는 것도 없습니다. 그대가 그렇게 일축하는 저 위대한 바울도, 사실은 보통의 인간입니다. 평범한 감정을 가진 사람입니다. 그도 동일하게 이 모든 것들의 소중함을 알고 있었습니다. 그러나 그가 그렇게 살 수밖에 없었던 것은, 그의 가슴에 그를 그렇게 살 수밖에 없도록 불편하게 하는 꿈이 있었기 때문입니다. 그가 가진 꿈이, 바울을 바울 되게 하였습니다.

그렇다면 이 지점에서 그대는 궁금해할지도 모릅니다. '왜 하나님은 자신의 사람들에게 꿈을 주셨을까?' 결론부터 이야기하면, 그것이 그리스도인의 생명력이기 때문입니다. 그것을 신학적인 표현으로는 〈사명〉이라고 할 수도 있고, 교회적인 표현으로는 〈비전〉이라고도 할 수 있겠습니다. 신약의 표현으로는 〈소망〉이라고 말할 수 있고, 구약의 표현으로는 〈믿음〉이라고 할 수도 있겠습니다. 언어의 각진 구분은 나중에 하기로 하고, 지금은 모두가 이해할 수 있는 적당한 단어로 〈꿈〉이라고 이야기해봅시다.

하나님의 사람이 되게 하는 꿈

물론, 이 세상의 사람들도 꿈이 있습니다. 그 꿈은 자신의 삶의 총체성을 생각할 때, 각자가 결론지은 자신의 모양들입니다. 그러나 성경에서 나오는 하나님의 사람들의 〈꿈〉은 이런 성질의 것이 아닙니다. 그것은 내 것을 이루기 위한 나의 모양이 아니라, 주인의 것을 이루기 위한 주인의 모양입니다. 결국 나의 것을 이루기 위한 야망과, 결국 주인의 것을 이루기 위한 소망은 서로 완전히 다른 성질입니다. 오늘 그대의 그 모든 준비가 군림을 위한 것인지, 섬김을 위한 것인지, 어떤 것이 진실인지 그대는 알고 있습니다.

참된 그리스도인들에게는 반드시 꿈이 있습니다. 그것은 자신의 것을 이루기 위한 꿈이 아니라 주인의 것을 이루기 위한 꿈입니다. 버거울 정도로 묵직한 그것이 그리스도인들에게는 있습니다. 그리고 신기한 것은, 그 버거운 꿈을 버리면 가벼울 것 같은데, 버리고 도망가면, 도망갈수록 더 무거워지기만 합니다. 참 무서운 것은 그 꿈이 결국은 삶의 에너지로 변환되어 그리스도인을 그리스도인으로 살게 합니다. 수많은 고난과 좌절 속에서도 반드시 일어나게 합니다.

무명

대저 의인은 일곱 번 넘어질지라도

다시 일어나려니와

악인은 재앙으로 말미암아 엎드러지느니라

잠언 24장 16절

바울은 수많은 고난 속에서 일어났습니다. 더 많은 비난 속에서도 일어났습니다. 베드로 역시 수많은 핍박과 유혹 속에서 일어났습니다. 예수님의 열두 제자가 살아온 역사를 추적해보면, 그들도 동일하게 시대의 고난을 거뜬하게 이겨내고 일어났습니다. 상상할 수 없는 아픔과 굴욕을 육체로 소화시켜서 일어난 사람들입니다. 그들은 영적인 거인이며 의인이었습니다. 그들은 아무것도 가진 것이 없었지만, 모든 것을 가진 사람처럼 행동했습니다. 그들은 비와 바람에도 부서질 것같이 쇠잔한 육체를 가졌지만, 맹수의 물어뜯음 속에서도 흔들림 없이 견고했습니다. 그들이 어떻게 일어났을까요? 그들은 어떻게 견뎠을까요?

단순한 이유입니다. 하나님이 〈꿈〉을 주셨기 때문입니다. 그 존재 안에 있는 꿈의 덩어리가 아무리 그들을 이 땅의 것들로 때리고 부수고 뜨겁게 지져도, 머리털 하나 흔들림이 없었던 것입니다. 그런 이들이 바로 하나님의 사람들입니다. 이것이 하나님이 그리스도인들에게 꿈을 주

시는 아주 단순한 이유이고, 단순한 원리입니다. 즉, 하나
님의 사람이 되게 하기 위함입니다.

단단한 사람

　　그대는 성경을 좋아하나요? 뭐, 좋아하지 않아도 상
관없습니다. 성경을 좋아하든 좋아하지 않든, 그대가 교회
를 다닌다면, 성경에 나온 대표적인 인물에 대해서는 들었
을 것입니다. 이름만 들어도 아는 아브라함, 이삭, 야곱, 요
셉, 모세 그리고 예수님까지 말입니다. 그대가 생각할 때,
이런 하나님의 사람들은 어떤 사람들일 것 같나요?

　　오늘날 언어로 표현해봅시다. 스마트한 사람? 지식
인? 리더십이 있는 사람? 착한 사람? 깨끗한 사람? 이타적
인 사람? 물론 한 사람을 한 단어로 정의하는 것 자체가 불
가능하겠지요. 그대가 오늘날 인생을 이해할 때 표현하는
단어로는, 성경에 있는 사람들을 표현하기에 꽤 힘들 것
입니다. 왜냐하면 그들은 그런 유형의 사람이 아니기 때문
입니다. 이 시대는 빠르고 똑똑하고 정확한 사람을 시대
의 인재상人材像으로 이야기하지만, 성경에 나오는 하나님
의 사람들은 그런 모습이 없습니다. 오히려 그들은 느리고
어수룩하고 미련한 사람들입니다. 심지어 평균치에도 못

미치는 부족한 사람들입니다. 신체적인 조건도 지적인 수준도 전혀 뛰어나지 않습니다. 물론 평균보다 뛰어난 다니엘, 바울 같은 사람도 있지만, 지극히 소수일 뿐입니다.

그러나 하나님의 사람들, 아니 하나님을 만난 사람들에게는 아주 정확한 공통점이 있습니다. 그것은 '단단함'입니다. 성경에서 하나님을 만난 사람들은 아주 이상할 만큼, 단단합니다. 그 단단함은 이 세상의 것들로 깰 수 없는 정도의 강도입니다. 그리고 그들이 가진 단단함이 결국 세상의 고정적인 것들을 변화시킵니다. 그래서 세상의 논리와 확신들에 굴곡을 줍니다. 그런 사람들이 히브리서에서 표현하는 '세상이 감당하지 못하는 사람들'입니다(히 11:38). 성경에 나온 사람들은 완벽하게 서로가 다르지만, 〈단단함〉이라는 인격적 특징만큼은 같았습니다.

그렇다면 그들이 소유한 이 〈단단함〉이란 무엇일까요? 그 단단함은 그대가 작심삼일로 결심해서 생기는 근력이 아닙니다. 이를 악물고, 눈을 꽉 감고, 굳은 결심을 한다고 생기는 것도 아닙니다. 인간은 그렇게 모질지도 강하지도 못합니다. 하나님의 사람들이 가진 단단함은 '신의 성품'과 같은 것입니다. 부드러우면서 품위와 질서가 있고, 빛과 진리를 사랑하는 단단함 말입니다. 거짓과 불의를 미워하는 단호함 말입니다.

그것을 가장 잘 보여주는 사람이 바로 인간으로서 오신 〈예수〉입니다. 예수님은 완전한 신이면서 완전한 사람입니다. 그런데 우리는 예수를 신의 모습으로만 이해합니다. 이러한 이해는 예수에 대한 반쪽짜리 이해입니다. 왜냐하면 그분은 100퍼센트 인간이기도 하셨으니까요. 인간으로서 예수가 가진 성품을 봅시다. 그 성품은 고귀하며 품위가 있습니다. 권위가 있으면서도 격이 없으십니다. 전사의 얼굴과 아이의 얼굴이 함께 있습니다. 무엇보다 단단하며 단호하고, 유연하며 부드럽습니다.

인간으로서 예수는 어떻게 이러한 성품을 가질 수 있었을까요? 인간으로서 예수의 언어는 어떻게 이것이 가능했을까요? 그것은 인간으로서 예수의 추구점에 있습니다. 이 책을 통해 그것을 완벽하게 표현해보는 것이 저의 진심 어린 노력이자 목표입니다. 또 그대가 그것을 진심으로 받아들이고 이해할 수 있다면, 그리고 진심으로 추구할 수 있다면, 확실히 그대는 예수가 가진 단단함을 가질 수 있을 것입니다. 하나님의 사람들이 가졌던 단단함을 소유할 수 있을 것입니다. 거듭 말하지만, 그것은 세상의 강력과 압력과 파괴력으로는 감히 부러뜨릴 수 없는 밀도의 단단함입니다.

그리고 한 가지 더, 예수가 추구했던 그 추구점은 그

대가 추구하는 〈꿈〉의 모양과는 확실히 다를 것입니다. 그러니 이제는 둘 중의 하나를 각진 구분으로 정리해야 할 시간입니다. 지금까지 그대가 〈꿈〉이라는 이름으로 추구했던 모양을 정리하든지, 아니면 어설픈 신앙의 모양을 정리하든지 말입니다. 그대는 두 가지 영역의 조화와 일치를 꿈꿀 수 있겠지만, 그 생각의 정점에서 예수님의 메시지를 청종해봅시다.

또 어떤 임금이 다른 임금과 싸우러 갈 때에
먼저 앉아 일만 명으로써
저 이만 명을 거느리고 오는 자를
대적할 수 있을까 헤아리지 아니하겠느냐
만일 못할 터이면
그가 아직 멀리 있을 때에
사신을 보내어 화친을 청할지니라
이와 같이 너희 중의 누구든지
자기의 모든 소유를 버리지 아니하면
능히 내 제자가 되지 못하리라
소금이 좋은 것이나 소금도 만일
그 맛을 잃으면 무엇으로 짜게 하리요
땅에도, 거름에도 쓸데없어 내버리느니라

들을 귀가 있는 자는 들을지어다 하시니라

누가복음 14장 31-35절

언뜻 이 말씀을 보면 상당히 생뚱맞습니다. 예수님은 갑자기 임금과 군사를 이야기하다가 화친을 말하고, 제자도를 말하며, 결국 소금을 말하더니, 쓸데없는 사람은 버림받을 것이라고 협박하는 것 같으니까요. 그러나 예수님은 어설픈 논리로 제자들에게 협박하는 것이 아니라, 인생을 이해할 때 정말 중요한 지점이 있음을 논하는 것입니다. 이 말을 이해하기 위해서는 방금 읽은 누가복음 14장 31절 전에 있는 25-27절을 보아야 합니다.

수많은 무리가 함께 갈새 예수께서 돌이키사 이르시되
무릇 내게 오는 자가 자기 부모와 처자와 형제와 자매와
더욱이 자기 목숨까지 미워하지 아니하면
능히 내 제자가 되지 못하고
누구든지 자기 십자가를 지고 나를 따르지 않는 자도
능히 내 제자가 되지 못하리라

누가복음 14장 25-27절

예수님은 지금 허다한 무리와 함께 길을 걷고 있습니

다. 그런데 나란히 함께 걷는 것 같지는 않습니다. 25절을 보면, 예수는 잠시 멈춰서 뒤를 돌아보고 말씀을 했으니까요. 성경은 예수가 왜 뒤를 돌아보았는지 그 이유를 말하고 있지는 않지만, 그 모습은 상상할 수 있습니다. 예수는 단독자單獨者이고, 제자를 포함한 수많은 무리는, 대중大衆이 되니까요. 이런 모습은 정치가들이 좋아하고, 군인들도 좋아하며, 목사들도 좋아하는 포지션입니다. 25절을 깊게 곱씹어봅시다. 예수라는 단독자를 따르는 수많은 무리가 있다는 것은 얼마나 멋진 모습입니까? 그때부터 오늘날까지, 수많은 사람은 이 포지션을 만들고 싶어서 검질긴 노력을 하는 것입니다.

그런데, 그런 군중들을 향해 예수는 뒤를 돌아보며 정확히 말합니다. "나에게 오려면, 자기 부모, 처, 자식, 형제, 자매, 더욱이 자기 목숨까지 미워하지 않으면 안 된다." 실제로 이 소리를 듣는다고 생각해봅시다. 소름 돋는 말 아니겠습니까? 그런데 예수는 한 걸음 더 나아갑니다. "자기 십자가를 지지 않으면, 나를 따라올 수 없다." 예수님은 왜 이렇게 말씀하시는 걸까요? 물론 이것에 관해서 다 말할 수는 없지만, 한 가지는 확실하게 말하고 싶습니다. 예수를 따라간다는 것은, 그동안 자신이 살아온 방식과 일치하거나 조화를 이룰 수 없다는 메시지라는 것입니다. 자신의 부모와 처, 자식, 형제, 자매 그리고 자신의 목숨을 유지하게 했던 삶의 메커니즘을 가지고는 따를 수 없는 것입니다.

예수님은 자신을 따르는 군중들이 가진 마음의 소원을 깊이 간파하고 있었을 것입니다. 그것은 예수님을 따름으로써 얻어지는 보상과 유익입니다. 그들에게 예수는 자신의 것을 버리지 않고 오히려 자신의 것을 더 확고하게 하고, 더 풍족하게 해주는 수단입니다. 그들은 더 풍부해지기 위해서 예수를 따랐을 것입니다. 물론, 인간의 이런 소원이 무조건 잘못된 것은 아니지만, 예수는 정확하게 각진 구분을 합니다. 그런 마음으로는 나를 따를 수 없다고 말이죠. 예수는 그들의 마음을 정확하게 알기에, 더 쉽게 이야기해 줍니다.

이 말씀 후에 아주 냉정한 임금과 전투의 비유를 합니다. "일만 명으로 이만 명을 이길 수 있겠느냐? 전쟁에 질 것 같으면 화친和親하지 않겠느냐. 적이 멀리 있을 때 먼저 사신을 보내지 않겠느냐. 동일하게 자신의 소유를 다 버리지 않으면 내 제자가 될 수 없다. 소금은 소금으로만 존재해야 한다. 그것을 잃어버리면 버림을 받는다…" 예수님은 정확하게 말합니다. 그대가 꿈꾸는 삶과 예수가 주는 삶 사이에 어설픈 조화와 일치, 타협과 대화는 있을 수 없다는 것입니다. 오히려 예수는 직선적이고 일방적이며, 정확한 지점을 이야기합니다.

　오해는 하지 않기를 바랍니다. 예수님은 그대의 꿈을 무시하지 않습니다. 그대가 꿈꾸는 삶을 가볍게 생각하지 않습니다. 예수님도 그대가 꿈꾸는 것들이 다 잘되기를 바라실 것입니다. 그러나, 그대가 신앙을 가질 것이라면 정확해지기를 원합니다. 예수처럼 단단한 삶의 모양을 가지기 원한다면, 그대가 꾸는 꿈의 방식으로는 절대 될 수 없음을 말합니다. 지금까지 그대가 꿈꿔온 방식과 그 결과가 어떤지는 모르겠습니다. 그러나 그대가 변하지 않으면 변할 수 없습니다. 예수의 추구점을 향해 계속해서 변하는 수밖에 없습니다. **그러니, 그대가 인생에서 추구하는 〈꿈〉을 말하기 전에, 그대가 가지고 있는 〈신앙을 이해하는 방식〉이 무엇보다 중요합니다.**

소중한 의문에 관하여

　'그리스도인'으로서 그대에게 주어진 '인생을 이해하는 방식'에 눈을 뜨지 못하면, 그대는 그대의 인생의 '가능성'을 의문의 덩어리로만 생각할 것입니다. 그 가능성의 무게감은 무중력입니다. 처음에는 자신에게 주어진 무중력을 나름의 속도로 즐기기도 하지만, 어느 순간 그것은 질식할 것 같은 숨막힘을 주기도 합니다. 그대의 인생 속에 주어진 '젊음'과 '신앙'이라는 우주에서, 방향을 찾는 습작은 괴로운 의문만 남길 뿐입니다. 그러나 그 의문은 누구에게도 공개할 수 없는, 그대의 가슴에만 있는 소중한 의문입니다. 감히 그것들을 적어봅니다.

'이 꿈은 영원한 걸까? 순간적인 걸까?'

'이 꿈은 하나님이 주신 꿈일까? 내가 꾸는 꿈일까?'

'이 꿈은 과연 나를 행복하게 할 것인가?'

'나는 다른 꿈을 꾸어야 하는데, 지금 내가
잘못 생각하는 것은 아닌가?'

'내 인생을 생각할 때, 나에게 어울리는
다른 삶이 있지 않을까?'

'나는 꿈이 없는데, 어떻게 해야 하나?'

그대의 품에 고이 간직한 소중한 의문들은, 이 정도일

것입니다. 물론 더 구체적인 의문들이 있을 수 있지만, 이 정도에서 괴로워한 내력을 가진 것들이죠. 그대가 이 책을 선택할 때도, 이 내력에 대한 '대답' 혹은 '해답'을 원해서 이 책을 펼쳤을 것입니다. 왜냐하면, '꿈'에 관한 보통의 책들이 이 부분의 가려운 데를 긁어주기 때문입니다. 그러나 계속 강조하겠지만, 이 책은 이것들에 대한 해답을 가지고 있지 않습니다. 그 이유는 그리스도인이 가진 수많은 의문, 괴로움의 내력들은 모두 '정확한 정답'을 필요로 하고 있지 않기 때문입니다. 오히려 '정확한 답'이 있다고 말하는 모든 메시지가, 거짓 메시지입니다. 왜냐하면 하나님조차 그대의 소중한 의문에 대해서 그렇게 말씀하지 않으시기 때문입니다.

그렇다면 그대는 길을 잃은 걸까요? 도대체 그대는 어디로 가야 하는 걸까요? 하나님은 그대의 젊음을 방해하시는 분일까요? 결코, 그렇지 않습니다. 참된 신앙의 내력은 그대의 인생에 의문을 주시는 하나님의 의도를 깊이 이해하는 노력입니다. 어쩌면 하나님은 그대에게 의문을 주심으로, 그대의 마음속에 당신 자신의 공간을 넓히시고 있는지도 모릅니다. 그 넓어진 공간에서 그대가 가장 중요한 것들을 직면하기를 바라시는 것입니다.

여기서 말하는 중요한 것이란 문제에 대한 'A' 또는

'B'라는 명쾌한 정답이 아니라, '*A*'(알파)와 '*Ω*'(오메가)이신 하나님의 존재와 그분이 존재하는 방식입니다. 왜냐하면 그대가 그리스도인이기에, 그대가 가진 소중한 의문들은 오직 하나님의 방식을 이해해야만, 모든 것들이 이해되기 때문입니다. 그러니 제가 그대의 가려운 곳을 한량없이 시원하게 긁어줘도, 그대의 인생을 바꿀 정확한 대답은 나오지 않을 것입니다. 그대가 다른 책, 다른 강연을 들어도 마찬가지입니다. 오직 그대는 하나님을 더 깊이 있게 신뢰해야만, 의문 속에서 참 길을 여시는 하나님을 만날 것입니다.

요셉의 감옥살이 2년을 생각해봅시다. 그곳은 사방이 막힌 곳이었지만, 그가 하나님의 방식을 이해할 때, 하늘이 열리는 경험을 합니다. 다니엘의 사자 굴도 마찬가지입니다. 사자 굴 역시 사방이 막힌 곳이지만, 그가 하나님의 방식을 이해할 때, 사자 굴 속에서도 길이 만들어지는 기적을 경험합니다. 굳이 모세, 다윗, 엘리야, 엘리사, 에스더 등등 더 이야기하지 않아도, 그들은 하나님의 방식을 삶의 방식으로 충분히 이해한 사람들이었습니다. 그 방식을 이해한 사람들은 현상이 주는 의문에 대한 '정답'을 찾기 위해 애쓰지 않았습니다. 그 공간에서 오직 하나님만을 직면하는 것입니다. 그리고 깨닫습니다. **'A' 또는 'B'라는 문제**

가 전부가 아니라, '𝐴'(알파)와 '𝛺'(오메가)이신 하나님의
존재와 하나님의 방식이 전부라는 것을 말입니다.

　그동안 기독교의 메시지는 미궁에 빠진 사람들에게
'정확한 답'을 주기 위해서 애썼던 것 같습니다. 빠른 길과
정확한 길 찾기에 지혜로움을 부렸습니다. 그러나 'A' 아니
면 'B'라는 선택적 정답은, 진리의 답이 아니었습니다. 진
리의 답은, 과정이 주는 경탄의 숨결을 깨닫는 것이고, 느
림이 주는 공간과 헤맴이 주는 미학을 경험하게 하는 것이
었습니다. 결국 복잡한 의문을 가슴에 품고, 가장 단순한
얼굴로 하나님을 만나는 것이었습니다. 그럴 때, 인간의
지문으로 감히 잡을 수 없는 새로운 세계가 잡히는 것입니
다. 그것이, 수많은 선지자들이 이야기한 '하늘길'의 시작
이요, '하나님나라'의 출현입니다. 물론, 이 지점에서도 그
대는 분명 이런 의문을 가질 수도 있습니다.

　　　　"아니 저자 양반, 어떻게 그렇게 쉽게 단정하나?!
　　　　　　　　내 젊음에 대한 정확한 답이 있겠지!!"

　　　　　"'A' 아니면 'B'라는 확실한 선택 지점에서
　　　　　　하나님의 뜻을 구하는 것이 잘못된 건가?"

"그동안 내가 노력했던 꿈들에 대해서
의심해보는 것이 잘못된 것인가?"

"나는 여전히 꿈이 없는데, 나 같은 사람은
어떻게 해야 하는가?"

"아니, 'A' 아니면 'B'라는 확실한
선택 지점들이 있는 문제들이 있어."

　그대의 가슴에서 올라오는 순수한 의문들이 보입니다. 그러나 그대가 가진 의문이 한없이 진실되고 순수하더라도, 특별한 것도 특이한 것도, 심지어 심각한 것도 아닙니다. 왜냐하면 그 모든 의문과 의심들은 어느 시대나 어떤 사람들이나 품고 있었던 것들이었으니까요. 그들에게도 이 의문은, 누군가에게 말할 수 없이 소중한 것들이었을 것입니다. 모든 시대의 모든 사람들이 자신들의 젊음과 가능성을 생각할 때, 각자의 속도로 그 슬픈 지점을 통과하고 있었던 것입니다. 모든 인생은 'A' 아니면 'B'라는 정답이 있다고 확신했던 것이죠. 그러나 그것은 또 다른 'A' 아니면 'B'라는 의문을 만난다는 사실을 망각한 것입니다. 정답을 찾는 의문은 영원히 반복됩니다. 의문을 찾는 정답

　　　　　　　　　　　　　　　　　　　　　　무명

도 마찬가지죠. 그렇기에 정확한 정답을 찾는 연습만큼 허무한 것이 없습니다. 그대는 내일 일을 알지 못합니다.

꿈과 돈

그대는 분명, 그대의 인생을 사랑할 것입니다. 그대의 존재와 그대의 방식을 무시무시할 정도로 사랑할 것입니다. 그러나 그리스도인으로서 그대가 하나님을 얼마나 사랑해보았는지는 모르겠습니다. 그분의 존재와 그분의 방식에 대해서 얼마나 이해했는지 모르겠습니다.

그대가 그리스도인이라면, 그대의 인생을 다른 방식으로 이해해야 합니다. 이 점에 대해서 충분히 이야기했지만, 그 방식은 성경이 그대에게 요구하는 방식입니다. 하나님이 인생을 이끌어 가는 방식입니다. 무엇보다 신앙이 그대에게 요구하는 삶의 모양들입니다. 그 방식에 대한 이해력이 충분하게 없다면, 그대가 꾸는 꿈의 모양과 노력의 모양은 하나도 특별하지 않습니다. 더 냉정하게 이야기하면, 그대의 모양이 하나님 없는 사람과 다름이 없는 것입니다. 왜냐하면 결국 그대의 모든 꿈의 표현력은 〈돈〉을 벌기 위한 모양일 뿐이기 때문입니다.

물론 아니라고 부정할 수 있습니다. 제가 성급한 판단

을 했다고 비판할 수도 있습니다. 그건 오해라고 따져 물을 수도 있습니다. 저 역시 저의 판단이 오해이고, 성급한 판단이었으면 좋겠습니다. 그러나 현대 사회에서는 언제나 〈꿈〉과 〈돈〉을 연관시킵니다. 그리고 그것을 그대의 내면 깊은 곳까지 연결시켜서, 할 수만 있다면 그대의 영혼을 이런 〈꿈〉과 〈돈〉의 전유물로 다시 창조하려 할 것입니다. 그대가 멋지다고 생각하는 것들, 그대가 동경하는 것들, 모두 〈꿈〉과 〈돈〉으로 건축한 그림자들일 것입니다.

　　그대는 무엇을 원하나요? 그대의 삶에 있어서 어떤 것이 되고 싶나요? 이 단순한 질문 앞에 그대는 치를 떠는 괴로움을 경험해야 합니다. 이 단순한 의문 앞에서 자신의 온 존재가 부서지는 기도를 경험해야 합니다. **그 이유는 그대가 '그리스도인'이기 때문입니다. 그대에게는 여전히 그리스도인으로서의 '신앙'이 있기 때문입니다.** 만약 그대가, 그리스도인으로서 가진 신앙의 내력이 단지 그대의 소원을 이루기 위한 것들이라면, 한 가지는 확실하게 말하고 싶습니다. 이 책 초반에 정의했던, 그대가 평소에 욕하고 별로라고 정의했던 그 그리스도인들보다, 그대가 더 별로인 그리스도인이라고요. 그대가 경건의 모양이 있든, 매주 열심히 교회 봉사를 하든, 상관없습니다. 그대는 세상 사람들보다 더 지독하게 자기만을 사랑하는 사람일 뿐입니다. 만약 그렇다면, 그대는 여전히 예수가 알려주고 싶어 했던 진리의 세계를 모르는 그리스도인일 뿐입니다. 그토록 예수가 보여주고 싶어 했던, 하늘의 내력을 모르는 그리스도인일 뿐입니다. 단지 '돈'을 벌기 위해서 '꿈'을 사용하는 것일 뿐입니다. 그대가 품었던 소중한 의문들도 결국 '돈'을 더 벌기 위한 괴로움의 조각들일 뿐이죠.

그리고

그래서

그렇기에

그러니까

변하지 않는 그대가 꾸는 '꿈'은

그것이 무엇이든 '개꿈'일 수밖에 없습니다.

그대는 변할 수 있다

많은 사람은 변화를 추구합니다. 그러나 그 변화의 노력이 단순히 자신이 원하는 세상을 가지기 위한 노력이라면, 그대는 세상의 불신자와 차이점이 없습니다. 그 어떤 아름다운 성구를 사용해서 '비전'으로 포장해도, 속절없는 모양의 '야망'과 '욕심'일 뿐입니다. 본디 그렇게 생긴 얼굴이, 더 잘생기고 예쁩니다. 그러나 하나님은 중심을 보십니다.

그대가 이 책을 읽으면서 변화해야 할 지점은, 하나님을 가지기 위한 노력이어야 합니다. 'A'(알파)와 'Ω'(오메가)이신 하나님의 존재와 방식들을 이해하려는 노력이어야 합니다. 그대가 그분을 이해하면 이해할수록, 이 세상의 모든 강력을 한 번에 접어버릴 수 있는 힘이 생길 것입니다. 결국 그것을 작고 곱게 접어 바다에 던져버릴 것입니다. 예수께서 "산더러 들리어 바다에 던져지라" 하여도 그대로 된 것처럼 말이죠.

> 예수께서 대답하여 이르시되
> 내가 진실로 너희에게 이르노니
> 만일 너희가 믿음이 있고 의심하지 아니하면
> 이 무화과나무에게 된 이런 일만 할 뿐 아니라
> 이 산더러 들려 바다에 던져지라 하여도 될 것이요
>
> 마태복음 21장 21절

그대가 성경에 있는 마술 같은 광경을 동경한다면, 그대가 선지자가 되는 수밖에 없습니다. 그것은 그대가 이 세상의 메커니즘으로 '꿈'을 꾼다고 되는 것이 아닙니다. **하나님의 선지자들이 겪은 '훈련', '무명', '사명', '유명'의 검질긴 과정을 겪어야 합니다.** 도망칠 수 없습니다. 쉬운 길은 없습니다. 체질과 성향에 맞는 사람도 없습니다. 똑똑한 사람도, 무지한 사람도, 착한 사람도, 악랄한 사람도, 강한 사람도, 약한 사람도 모두에게 공평했던 이 길 입구에 들어갔습니다. 그들은 그곳에서 자신의 존재가 한없이 깨지는 것들을 경험하고, 자신의 무게감을 말씀 한 단어에 올려보는 경험을 합니다. 그곳에서 오래된 새 길을 만나고, 오래된 새 힘을 만나고, 오래된 새 마음을 경험합니다. 어쩌면 '거듭남'이라고 말하는 '새로운 태어남'이 하나님이 그대가 가진 '소중한 의문'에 대한 대답인지도 모르겠습니다.

그대는 새롭게 될 수 있습니다. 그 시작은 지금도 존재하는 오래된 새 길입니다. 그것은 '훈련', '무명', '사명', '유명'의 길입니다. 다시 말하지만, **그대가 성경에 있는 마술 같은 광경을 경험하기 원한다면, 그대가 선지자가 되는 수밖에 없습니다. 그대의 신앙은 선지자들같이 비범할 수 있고, 선지자들의 신앙은 그대처럼 괴로워했습니다.**

진정한 새는 날개 없이 날아다니는
풍선 따위에 열등감을 느끼지 않는다

2장

하나님이 그대의 마음을 욕심내는 이유는,
하나님이 아직 그대의 마음을 갖지 못했기 때문입니다.

훈련

이제 훈련에 관한 이야기를 해봅시다. 이 주제는 참으로 흥미진진한 주제입니다. 그 이유는 이 주제만큼 세상적인 이해와 성경적인 이해가 서로 상충하며 오해로 얼룩진 주제가 없기 때문입니다. 이 책의 목표 중 하나는 그런 서로의 얼룩을 곱게 닦아서 각자의 방향으로 다시 정돈하는 것입니다.

저는 그대의 나이가 몇 살인지 모릅니다. 또 그대가 지금 무엇을 준비하는지도 모릅니다. 그대가 희망하고 있는 내일의 모양이 어떤 것인지 저는 전혀 알 수 없습니다. 그러나 이 책의 처음을 진지하게 보았다면, 이제 한 가지는 확실하게 새기게 될 것입니다. 그것은 그대가 꾸는 꿈, 그대가 이루고자 하는 삶, 그대가 되기를 원하는 이상, 그것을 이루는 것이 그리스도인으로서 그대가 가져야 할 인생의 목표는 아니라는 것입니다. 만약 이것을 이루기 위해서만 그대의 신앙을 사용한다면, 그대 역시 기독교를 충분하게 이해하고 있지 못하는 것입니다. 아쉽지만 그것이 사실입니다. 제가 이해한 기독교의 아름다움은, 인간이 인간의 것을 이루는 것에 있지 않았습니다. 인간이 감히 신의 소원 혹은 신의 부탁을 이루려는 몸부림에 있었습니다. 우리는 그것을 〈사명〉이라고 합니다. 이 세상의 '무명'과 '유명'의 진흙탕 싸움에서는 도저히 생각해볼 수 없는 차원의 영역이죠. 〈사명〉은 그만큼 품격 있고 고귀한 세계의 몸부림입니다. 그대에게는 그런 〈사명〉이 있습니까? 이 부분에 대해서는 마지막 장에서 구체적으로 다루어봅시다.

보통의 메커니즘

훈련에 관한 이야기를 계속해봅시다. 그대가 이 책을 보고 있는 사람이라면, 그대는 적어도 무엇인가를 향해 가고 있는 사람일 것입니다. 무엇인가를 향해 전진할 때는 반드시 〈목표〉가 있을 것이고, 그 목표를 이루기 위한 〈과정〉에서 그대는 〈훈련〉을 합니다. 이것은 어떤 목적을 이루기 위한 보통의 메커니즘입니다. 더 구체적으로 자신의 목표를 이루기 위한 〈훈련〉의 내용은 보통 세 가지 방향성을 가지게 되는데, 첫 번째는 반복적인 행위입니다. 그대가 알고 있듯이, 어떤 분야에 탁월해지기 위해서는 그것을 향한 반복적인 행위가 있어야 합니다. 그 영역이 학문이든, 요리든, 운동이든, 노래든, 다이어트든 말입니다. 결국 어떤 목표를 이루기 위한 훈련이란, 반드시 〈반복〉이라는 과정을 가집니다. 성실함과 불성실함은 이런 지루한 반복을 대하는 자세에서 증명됩니다. 평범함과 탁월함도 마찬가지입니다. 물론 타고난 재능에 따라 어느 정도 차이가 있겠지만, '반복적인 행위'를 이기는 길은 이 땅에서 등장한 적이 거의 없습니다. 그대가 어떤 자기개발서를 보고 있는지는 모르겠지만, 결국에는 목표를 향한 이런 '반복'의 기술들을 말할 것입니다.

두 번째 방향성은 연구입니다. 이것은 반복보다 높은 차원이라고 할 수 있습니다. 목표를 이루기 위해, 반복하는 것도 중요하지만 더 탁월해지기 위해서는 언제나 그 자체에 대한 연구를 해야 합니다. 어떤 영역에서 한계 이상의 영역으로 승화시키기 위해서는 연구의 역할이 필요합니다. "1퍼센트의 천재가 99퍼센트의 노동자를 먹여 살린다"라는 삼성의 고ᵗ 이건희 회장의 말이 있는데, 그가 말하는 1퍼센트의 천재가 연구하는 사람입니다. 그대가 어떤 목표를 이루기 위한 과정에 있다면, 반드시 연구해야 합니다. 그래야 탁월해질 수 있고, 더 많은 발전을 이룰 수 있습니다. 그대가 읽고 있는 자기개발서는 결국에 목표를 향한 '연구'의 기술들을 말할 것입니다. 그래서 〈훈련〉의 과정에 '반복'과 '연구'의 시간이 많이 쌓인 사람일수록, 목표점에 더 빠르게 도달합니다. 만약 어떤 목표에 미달했다면, 이 과정이 미비한 것이라고 말할 것입니다. 그것이 학문이든, 요리이든, 예술이든, 운동이든, 장사든지 말입니다. 결국 집중력을 가지고 '반복'과 '연구'를 한다면, 자신이 원하는 길로 걸어가려는 근력이 조금씩 생깁니다.

마지막 세 번째 차원이 있습니다. 바로 절제의 차원입니다. 원하는 목표를 위해서 불필요한 것들을 완전히 절제하는 것입니다. 이것은 자신에게 포함된 것들을 스스로 단절해버림으로 단순해지고 가벼워지려는 모듈화 Modularization입니다. 이것 역시 상당한 노력이 필요합니다. 아니 가장 어려운 차원입니다. 절제가 어려운 이유는, 여기에 관계가 포함되기 때문입니다. 자신이 사랑하는 가족과 포근한 친구까지도 목표를 위해서라면 단절해야 합니다. 그 과정에서 의도하지 않게 누군가에게 상처를 줄 수도 있고, 오해를 살 수도 있습니다. 그 과정에서 이루어지는 수많은 모함과 억울함도, 다 견뎌야 합니다. 이 서러운 아픔에 대해서 아는 사람은 알 것입니다. 그것은 정말 괴로운 것입니다. 그대가 어떤 자기개발서를 읽고 있는지는 잘 모르겠지만, 결국에는 목표를 향한 이런 '절제'의 기술들을 말할 것입니다.

단순한 정리를 해보면, 그대가 목표로 삼는 훈련은 반

드시 '반복', '연구', '절제'를 요구합니다. 그렇게 사람은 내적으로 자신을 단련하고, 외적으로는 목표를 성취해나가게 됩니다. 우리가 사는 사회는 그 목표를 이룬 사람을 '위너'winner 라고 부릅니다. 그와 반대되는 사람은 '루저'loser 라고 말합니다. 그렇게 자신의 가치는 자신이 만들어가는 것이라고 말하죠. 이 글을 읽는 그대는 이 두 부류에서 어디에 속하나요?

성경의 침묵

이 사회는 자신의 가치는 자신이 만들어내는 것이라고 가르칩니다. 그래서 이미 충분한데도 마치 부족하고 갈급한 사람처럼 삽니다. 잠을 줄여가며 영어를 더 공부하고, 운동을 더 하고, 여러 독서를 감행합니다. 그뿐만 아니라 남는 시간에도 차곡차곡 이런저런 준비를 하며 보냅니다. 그리고 이런 것들을 잘하는 사람을 소위 '자기관리'를 잘하는 사람이라고 하죠? 이런 사람은 생각만 해도 멋집니다.

한번 상상해봅시다. 정확한 전문 직장이 있음에도 매번 다른 분야의 공부를 더 합니다. 모두가 잠든 새벽에 일어나 매일 운동을 하고 그래서 군더더기 없는 몸매를 소유합니다. 갑자기 외국인들과 대화할 기회가 있을 때, 평소

쌓아둔 영어 실력으로 유창하게 대화를 하고, 모든 주제에 대해서 자유롭게 말할 수 있을 정도의 지적인 수준이 됩니다. 얼굴은 말해 뭐하겠습니까? 당연히 예쁘거나 잘생겼을 것입니다. 이 글을 읽는 그대가 〈자기관리〉라는 이름으로 배웠고 꿈꾸는 모습이 이런 모습이 아닌가요? 마치 드라마나 영화 속 주인공 같은 모습 말입니다. 그리고 우리는 이렇게 자기관리가 잘된 사람은 '인생을 잘사는 사람'이라는 도식을 사회적 이해로 가지고 있습니다.

그러나 헛헛한 의문형을 던져봅니다. 정말 그럴까요? 그럼 반대로 이런 모습으로 자기관리를 하지 않은 사람은 인생을 잘못 산 걸까요? 삶의 목표를 확고하게 성취해 가지 못한 사람은 못난 인생을 살아가고 있는 걸까요? 인생이란 꼭 그렇게 열심히만 살아야 하는 걸까요?

우리가 사는 사회에서는 자신이 원하는 모습을 성취하기 위해서 스스로 자신을 준비하고 스스로 자신을 단련합니다. 그것이 외면이든 내면이든, 자신의 가치는 스스로 만들어낸다는 신념으로 움직입니다. 물론 이런 〈자기관리〉의 모양은 곱고 아름답습니다. 어떤 누구도 이렇게 자기관리 된 사람들을 싫어할 이유는 없습니다. **그러나 정말 중요하고 냉정한 지점이 있습니다. 긴장할 정도로 날 선 시퍼런 사실이 있습니다.** 그것은 이런 인생의 이해에 대한 〈성경의 침묵〉입니다. 성경은 한 번뿐인 인생을 이렇게 이해하지 않습니다.

만약, 우리에게 주어진 인생을 이해할 때 이렇게 사는 것이 좋은 것이고, 탁월한 방법이며, 그리스도인으로서 최고의 이해라면, 성경은 이것을 아주 분명하게 이야기했을 것입니다. 매번 목표를 이루기 위해서 '반복', '연구', '절제'를 하고, 매번 자기관리를 위해서 '운동', '공부', '외모'를 가꾸라고요. 누가 봐도 딱 좋은 상품가치를 높이도록 자신의 인생을 만들라고 말입니다. 그러나 아쉽게도 성경은 단 한 번도 그렇게 말하지 않습니다. 성경의 여러 가지 내러티브 narrative도 그렇게 말하지 않을뿐더러, 인간에게 직접적인 지혜의 교훈을 이야기하는 잠언과 전도서도 그렇게 말하지 않습니다. 그렇다면 지혜서라고 불리는 잠언은 인간의 이런 노력에 대해서 뭐라고 말할까요?

여호와 경외

고운 것도 거짓되고 아름다운 것도 헛되나
오직 여호와를 경외하는 여자는 칭찬을 받을 것이라

잠언 31장 30절

무명

이 말씀을 언뜻 보면, 평범한 문장 같습니다. 요즘 유행하는 인문학적인 문장 같기도 합니다. 아니, 화장품 광고 문구 같기도 하네요. 그러나 이 말씀은, 그런 종류의 미문美文이 아닙니다. 잠언 31장의 마지막 절은, 정확한 의도성을 가지고 만들어진 진리입니다. 그리고 그 진리는 더욱 빛나기 위해서, 히브리 문학의 특수한 문법적 노력을 합니다. 그것은 두 가지로 볼 수 있는데, 첫 번째는 잠언 31장이 히브리어 알파벳을 순서대로 사용하여 만든 시詩라는 것입니다. 즉, 잠언 31장의 10-31절까지 히브리어 알파벳을 순서대로 사용하여 지은 것입니다. 쉽게 예로 들면, '가.나.다.라', 'A.B.C.D' 노래 같은 것입니다. 그렇다면 잠언 31장 10-31절 내용은 무엇일까요? 천천히 본문을 읽어봅시다.

누가 현숙한 여인을 찾아 얻겠느냐
그의 값은 진주보다 더 하니라
그런 자의 남편의 마음은 그를 믿나니
산업이 핍절하지 아니하겠으며
그런 자는 살아 있는 동안에 그의 남편에게
선을 행하고 악을 행하지 아니하느니라
그는 양털과 삼을 구하여 부지런히 손으로 일하며

상인의 배와 같아서 먼 데서 양식을 가져오며

밤이 새기 전에 일어나서

자기 집안 사람들에게 음식을 나누어주며

여종들에게 일을 정하여 맡기며

밭을 살펴보고 사며 자기의 손으로

번 것을 가지고 포도원을 일구며

힘 있게 허리를 묶으며 자기의 팔을 강하게 하며

자기의 장사가 잘 되는 줄을 깨닫고

밤에 등불을 끄지 아니하며

손으로 솜뭉치를 들고 손가락으로 가락을 잡으며

그는 곤고한 자에게 손을 펴며

궁핍한 자를 위하여 손을 내밀며

자기 집 사람들은 다 홍색 옷을 입었으므로

눈이 와도 그는 자기 집 사람들을 위하여

염려하지 아니하며

그는 자기를 위하여 아름다운 이불을 지으며

세마포와 자색 옷을 입으며

그의 남편은 그 땅의 장로들과 함께 성문에 앉으며

사람들의 인정을 받으며

그는 베로 옷을 지어 팔며

띠를 만들어 상인들에게 맡기며

무명

능력과 존귀로 옷을 삼고 후일을 웃으며

입을 열어 지혜를 베풀며

그의 혀로 인애의 법을 말하며

자기의 집안 일을 보살피고

게을리 얻은 양식을 먹지 아니하나니

그의 자식들은 일어나 감사하며

그의 남편은 칭찬하기를

덕행 있는 여자가 많으나

그대는 모든 여자보다 뛰어나다 하느니라

고운 것도 거짓되고 아름다운 것도 헛되나

오직 여호와를 경외하는 여자는 칭찬을 받을 것이라

그 손의 열매가 그에게로 돌아갈 것이요

그 행한 일로 말미암아 성문에서 칭찬을 받으리라

잠언 31장 10-31절

알파벳 순서로 지어진 그 시는 우리가 잘 알고 있는 〈현숙한 여인〉에 관한 이야기입니다. 문자적인 표현으로만 이 이야기를 보게 되면, 약간 시험에 들 수도 있습니다. 현숙한 여인은 남편보다 일찍 일어나서 집안일을 하고 아이를 먹이고, 입히고, 밭에 가서 또 이런저런 일을 하고, 밥도 옷도 손으로 직접 만들고, 사람들이 많은 곳에서는 남편을 높이고, 저녁에는 그 집안에 포함된 사람들을 챙기고, 다시 방으로 와서 남편을 보필합니다. 흡사 조선시대 여자 같은(?) 모습이죠. 문자의 표면만을 보면, 쉬지 않고 일만 하는 여자가 아름답다고 하는 것 같습니다. 그런데, 한번 생각해봅시다. 이 쉬운 이야기를 그냥 해도 되는데, 왜 굳이 알파벳 순서대로 지은 걸까요? 그 이유는 히브리어 알파벳 순서대로 천천히 하나의 운율을 가지고 고조되어 어떤 결론에 이르게 하기 위함입니다. 그리고 그 결론은 30절입니다.

> 고운 것도 거짓되고 아름다운 것도 헛되나
> 오직 여호와를 경외하는 여자는 칭찬을 받을 것이라
>
> 잠언 31장 30절

그 고조된 결론은 무엇일까요? 그것은 바로 '여호와 경외'입니다. 결국은 인간의 아름다움을 표현하면서, 그 끝에 인간이 정말 아름다울 수 있는 정점頂點은 인간이 소유한 고운 것과 아름다운 것이 아니라 '여호와 경외'라는 것입니다.

본문에 나오는 '고운 것'은 히브리어로 '핸'(חֵן)입니다. 한국어로 '고운 것'이라고 번역되지만, 히브리어로는 '매력' 혹은 '매력적인 어떤 모양'을 말합니다. 이것은 태어나면서부터 타고난 것들이죠. 그대의 주변에는 그런 사람들이 많이 있습니다. 그것이 외모이든, 몸매이든, 지적 능력이든, 감각이든 태어나면서부터 타고난 어떤 매력이 있는 사람들이 있습니다. 그런 사람들을 보면 참 부럽죠?

잠언 본문에 나오는 '아름다운 것'은 히브리어로 '요피'(יֹפִי)입니다. 이 아름다움은 '치장된', '화장된', '꾸며진', '만들어진'입니다. 그대의 주변에는 이렇게 만들어진 아름다움이 있습니다. 그것이 외모이든, 몸매이든, 지적 능력이든, 감각이든 자신의 한계를 극복해서 만들어지고 꾸며지는 아름다움을 소유한 사람들이 있습니다. 그런 사람들도 참 부럽죠?

당시 고대 근동에서는, 인간의 아름다움은 이런 두 가지 방향에서 파악해볼 수 있었던 것입니다. '핸'(חֵן)으로 타고나거나, '요피'(יֹפִי)로 만들어지거나. 그리고 잠언 31장은 그것을 한 명의 여인의 모습으로 투영합니다. 즉, 그 여인의 모습은 '핸'과 '요피'로 타고나거나 만들어진 아름다운 여인입니다. 그런데, 참 재미있는 것은 본문의 잠언은 결론에 가서 그것이 '거짓되고', '헛되다'라고 말합니다. 그리고 새로운 대안을 제시하는데, '여호와를 경외하는 여자'가 칭찬을 받는다는 메시지입니다.

인생의 절대 기준

그런데 뭔가 조금 어색하고 이상하지 않나요? 만약 본문의 저자가 '여호와를 경외'하는 것을 말하려 한다면, 이 여자가 여호와를 경외하는 행위를 하는 것들로 이야기를 만들어야 하는데 말이죠. 바로 이 역설이 히브리 문법의 두 번째 장치입니다.

잠언의 저자는 이 역설을 통해서, 그가 정말 하고 싶은 말을 마지막에 깊이 합니다. 그것은 인간의 타고남, 인간의 노력이 인간을 빛나고 아름답게 하는 것이 아니라는 것입니다. 인간이 정말 아름다워질 수 있는 것은 여호와를 경외하는 것입니다. 좀 더 쉽게 이야기하면, 인생에 있어서 '여호와를 경외한다'라는 것은, 정말 중요한 기준이자 주제인 것입니다.

잠언은 처음부터 인생의 절대 기준을 '경외'라고 말합니다. 잠언이 시작되는 그 처음 지점과 그 끝 지점에 있어서 모두, 하나님을 '경외'하는 것이 인생에 있어서 절대 기준이라고 말합니다. 그래서 지혜 있는 사람과 지혜 없는 사람을 구분하는 것이 지식이나 경험이 아니라, 하나님을 경외하고 있는지, 그렇지 않은지에 달려 있습니다. 잠언은 인생을 이렇게 이해합니다.

여호와를 경외하는 것이 지식의 근본이거늘

미련한 자는 지혜와 훈계를 멸시하느니라

잠언 1장 7절

스스로 지혜롭게 여기지 말지어다

여호와를 경외하며 악을 떠날지어다

잠언 3장 7절

여호와를 경외하는 것은 악을 미워하는 것이라

나는 교만과 거만과 악한 행실과

패역한 입을 미워하느니라

잠언 8장 13절

여호와를 경외하는 것이 지혜의 근본이요

거룩하신 자를 아는 것이 명철이니라

잠언 9장 10절

여호와를 경외하면 장수하느니라

그러나 악인의 수명은 짧아지느니라

잠언 10장 27절

정직하게 행하는 자는 **여호와를 경외하여도**

패역하게 행하는 자는 여호와를 경멸하느니라

잠언 14장 2절

여호와를 경외하는 자에게는 견고한 의뢰가 있나니

그 자녀들에게 피난처가 있으리라

잠언 14장 26절

여호와를 경외하는 것은 생명의 샘이니

사망의 그물에서 벗어나게 하느니라

잠언 14장 27절

가산이 적어도 **여호와를 경외하는 것이**

크게 부하고 번뇌하는 것보다 나으니라

잠언 15장 16절

여호와를 경외하는 것은 지혜의 훈계라

겸손은 존귀의 길잡이니라

잠언 15장 33절

인자와 진리로 인하여 죄악이 속하게 되고

무명

여호와를 경외함으로 말미암아 악에서 떠나게 되느니라

잠언 16장 6절

여호와를 경외하는 것은

사람으로 생명에 이르게 하는 것이라

경외하는 자는 족하게 지내고

재앙을 당하지 아니하느니라

잠언 19장 23절

겸손과 **여호와를 경외함**의 보상은

재물과 영광과 생명이니라

잠언 22장 4절

네 마음으로 죄인의 형통을 부러워하지 말고

항상 여호와를 경외하라

잠언 23장 17절

항상 경외하는 자는 복되거니와

마음을 완악하게 하는 자는 재앙에 빠지리라

잠언 28장 14절

고운 것도 거짓되고 아름다운 것도 헛되나

오직 여호와를 경외하는 여자는 청찬을 받을 것이라

잠언 31장 30절

　　잠언의 교훈에 의하면 인생을 잘 사는 기준은, 지금 나의 인생이 하나님을 경외하고 있는지, 그렇지 않은지로 판단됩니다. 나의 상황, 형편, 조건, 심지어 내가 무엇인가를 이룬 것조차 크게 보지 않습니다. 더 나아가 지금 내가 인생으로서 준비하고 있는 것들, 이루려는 꿈들, 그것을 향한 어떤 훈련과 목표 등 그 어떤 것도 크게 보지 않습니다. 이 모든 것들을 다 이루어도, 나의 인생이 하나님을 경외하지 않는 상태라면, 잠언은 내가 잘못된 인생을 살고 있음을 말해주고 있습니다. 그런 사람을 잠언의 언어대로 표현하면 악인, 무지한 자, 우매한 자, 미련한 자, 게으른 자입니다. 그래서 어떻게 보면 잠언에서 말하는 악인, 무지한 자, 우매한 자, 미련하고 게으른 자가 이 글을 읽는 우리인지도 모릅니다.

　　그렇다면, 잠언에서 줄곧 이야기하는 '의인'은 어떤 사람일까요? 결론적으로 이야기하면, 그 사람은 도덕적으로 완전하거나 불의를 참지 못하는 소신이 있거나 직사각형의 정직함을 소유한 사람이 아닙니다. 하나님을 경외하

는 비결을 터득한 사람입니다. 만약 그대가 스스로 그리스도인이라고 확신한다면, 그대는 '하나님을 경외'하는 것에 대해서 깊이 있게 생각해야 합니다. 왜냐하면 그것이 하나님이 인생에게 원하는 영역이고, 또한 성경이 인생을 잘 살고 있다고 말하는 기준이기 때문입니다. 그렇다면 경외란 무엇일까요?

　한국어로 경외란, '공경하면서 두려워함'이라는 뜻입니다. 이 말은 한국어를 쓰는 우리에게조차 생소하기도 하고, 신앙생활을 하는 그대에게조차 어렵게 느껴집니다. '경외'라는 단어는 왠지 모르게 거부감이 생기기도 합니다. 또 교회에서 찬양을 부를 때에는 하나님을 친한 친구처럼(?) 생각하라고 하는 것 같은데, '경외'라는 말은 하나님을 더 거리감 있게 합니다. 경외란 여러 가지 어려운 성격과 가능성을 가지고 있습니다. 그러나 히브리어로 '경외'란 '야레'(אָרֵא)로 표면적인 뜻은 한국어와 비슷한 의미를 지닙니다. '두려움, 공포 그리고 존경'이라는 뜻입니다. 그래서 문자 그 자체로만 해석한다면, 하나님을 향한 두려움, 공포, 존경심이라고 볼 수 있습니다. 그러나 이런 두려움, 공포는 자신보다 더 큰 짐승을 봐도, 더 험악한 사람을 만나도 느끼는 것입니다. 아마 하나님은 우리가 이렇게 느끼기를 바라지 않았을 것입니다. 하나님은 그런 취지에서 경외를 말하는 것이 아닙니다.

하나님이 인간에게 말하는 '야레'는 그 이상의 의미가 있습니다. 그것은 관계성 안에서 이해할 수 있는데 결론부터 이야기하자면, 그대의 인생에서 하나님이 절대성을 갖는 존재가 되기를 바라고, 그런 의미에서 '경외'라는 단어를 사용한다는 것입니다.

하나님의 욕심

그대가 이런 말로 시험에 들지도 모르지만, 하나님도 욕심이 있습니다. 어떤 욕심일까요? 바로 그대의 마음입니다. 이 말을 들은 그대는 '전지전능하신 하나님이, 모든 것을 다 가지신 하나님이, 모든 것을 할 수 있는 하나님이, 과연 욕심이 있을까?' 아이러니할 수도 있습니다. 그리고 더 나아가 그 욕심을 내는 부분이 나의 마음이라고 하니, 그대는 이 말을 의아해할 수 있습니다. 그러나 이 말은 비교적 광장히 정확한 말입니다. **하나님이 그대의 마음을 욕심내는 이유는, 하나님이 아직 그대의 마음을 가지지 못했기 때문입니다. 성경의 무수한 역사와 이야기들은, 사실 인간의 마음을 원하시는 하나님의 노동입니다.**

그러나 하나님이 인간의 마음을 원하신다는 것이 인

간을 복종시키기 위해서는 아닙니다. 하나님은 인간의 복종 없이도 모든 것을 하실 수 있는 분입니다. 하나님이 인간의 마음을 원하시는 이유는, 인간의 마음이야말로 온 우주에서 하나님과 대화할 수 있는 유일한 공간이기 때문이고, 하나님과 인격적인 관계를 맺을 수 있는 유일한 장소이기 때문입니다. 그래서 하나님은 인간의 마음을 원하시되, 인격적으로 다가오시는 것입니다. 물론 하나님은 갑자기 나타나기도 하시지만, 보통 그대가 생각하는 것보다 더 따뜻한 온도로, 더 평범하고 느린 속도감으로 다가오십니다. 하나님은 지금도 그대의 마음을 원하십니다.

　　잠언은 그런 하나님의 마음과 인간의 마음이 만날 수 있는 영역을 제시하는데, 그것이 바로 '경외', 즉 '야레'입니다. 인간 역시 하나님을 만나기 위해서 그 마음을 준비하고, 하나님도 인간의 마음 안으로 들어오기를 원하는 지점입니다. 그런 의미에서 경외란, 하나님 외에는 침범할 수 없는 마음의 절대성입니다. 아니 관계의 절대성입니다. 그리고 그 하나님을 잃으면 가장 두려워할 것 같은 인식, 그 하나님과의 관계가 부서지면 모든 것이 끝날 것 같은 존재 인식입니다. **그렇기에 하나님은 자신의 사람들을 훈련시킬 때 가장 먼저 훈련시키는 부분이 바로 이 마음의 영역입니다.** 그리고 이 단순하고 정확한 지점이, 이 땅의 훈련과 다른 점입니다.

만약 그대가 진실한 신앙생활을 하는데도 이해되지 않는 수많은 시험, 고난, 역경, 좌절이 왔다면, 아주 정확한 의미에서 하나님은 그대의 마음을 훈련시키고 있는 것입니다. 마음은 이론 수업으로 변화되는 것이 아니라, 상황과 환경의 실존을 마주해야 겨우겨우 변화되는 성질의 것이기 때문입니다.

오늘 그대는 〈경외〉라는 영역에서 무엇을 두려워하나요? 또 〈경외〉라는 영역에서 무엇을 존경하나요? 그대가 결국 두려워하는 것이 이 세상 사람들과 똑같은 모양은 아닌가요? 직장에서 해고되거나, 교제하던 사람과 헤어지거나, 사람들에게 무시를 당하거나, 건강을 잃어버리는 것. 그대가 결국 존경하는 것이 돈이 많은 어떤 사람, 얼굴과 몸매가 화려한 어떤 사람, 직업과 학력이 높은 어떤 사람, 늘 인기 있고 관계가 좋은 어떤 사람은 아닌가요? 그대가 〈경외〉라는 영역에서 두려워하고 존경하는 그 기준이 하나님 없는 사람과 같다면, 그대의 마음은 여전히 훈련이 필요한 마음이라는 것을 반증합니다.

혹여나 해서 하는 말이지만, 그대는 지금 제 말을 오해해서는 안 됩니다. 저는 세상과 기독교를 이분법적으로 말하려고 하는 것이 아닙니다. 그대가 두려워하고 존경하는 어떤 모양을 깎아내리는 말이 아닙니다. 다만, 하나님을 경외하는 선명한 신앙의 기준은, 확실히 이 세상의 것과는 달라야 한다는 것입니다. 두려움의 모양도, 존경의 모양도 말입니다.

성경에 나오는 하나님의 사람들의 외면外面은 정말 보잘것없습니다. 물론 바울과 다니엘같이 뛰어난 사람도 있지만, 소수를 제외하곤 대부분 아주 평범한 색채를 띤 외면의 사람들일 뿐입니다. 그러나 그들은 절대적 내면을 소유한 사람들이었습니다. 결기에 찬 그들의 신념은 오직 하나님을 두려워하고, 하나님을 존경하는 마음으로 모든 것의 기준을 삼는 사람들이었습니다. 그래서 때로 이들은 대화 속에 작은 단어 하나를 선택하는 것에도, 판단 속에 작은 행동 하나를 결정하는 것에도, 아주 답답할 정도로 느린 결정을 하기도 합니다. 이런 풍성한 심연의 긴장감이 그들의 신앙이요, 그들의 믿음이기 때문입니다.

세상은 이런 답답한 사람들을 비웃습니다. 성경 속 악인들도 동일하게 의인들을 비웃었습니다. 그러나, 하나님은 이들의 작은 신음 하나까지 기억하시는 분입니다. 하나님은 하나님을 경외하는 마음으로 가득 찬 사람들을 사용합니다. 이것은 절대 불변하는 진리의 표준입니다. 그러니까 오늘 그대는 〈경외〉라는 영역에서 무엇을 두려워하나요? 또 〈경외〉라는 영역에서 그대는 무엇을 존경하나요?

지금까지의 논의를 한번 정돈해봅시다. 우리는 〈훈련〉 이야기를 하다가 이 세상의 훈련 방식에 대해서 살펴보았습니다. 그리고 이 세상에서는 이것을 잘 준비한 사람이 인생을 잘 살아간 사람이라고 한다고 했습니다. 그러나 성경은 이상할 만큼 이 부분에 무관심하며, 인간에게 새로운 지점을 제시하는데, 바로 하나님을 '경외'하는 것입니다. 이것은 감정의 언어가 아닌 관계의 언어이고, 또 존경과 두려움의 영역입니다. 하나님은 경외가 있는 사람에게 관심을 가지고 있고, 그렇기에 하나님은 인간을 훈련시킬 때 가장 먼저 '마음'을 훈련시킨다고 했습니다. 이것이 하나님의 훈련법입니다.

마음의 훈련

그대가 성경을 얼마만큼 알고 있는지는 모르겠습니다. 뭐, 잘 몰라도 상관은 없습니다. 그러나 그대가 이스라엘이라는 나라에 왕과 선지자들이 있었다는 것은 알고 있다고 생각합니다. 이스라엘의 왕과 선지자는, 감히 이스라엘의 〈핵심 요소〉라고 말할 수 있습니다. 그런데 참 재미있는 사실은, 그 중요한 이스라엘의 왕과 선지자도, 대부

분 전공자(?)가 아니었습니다. 정확한 의미에서, 그 직무를
수행하기 위한 정규 수업을 받은 사람들이 아니었습니다.

　이스라엘의 초대 왕인 사울은 베냐민 지파의 평범한
청년이었고 이스라엘의 위대한 왕인 다윗은 목동이었습
니다. 엘리사는 열두 겨리 소를 부리다가 부르심을 받았습
니다. 이사야는 귀족이었고, 아모스는 농부였습니다. 이들
외에도 많은 선지자들이 일상에서 부름을 받았습니다. 즉
하나님의 사람이라고 불리는 선지자들의 직업은 대부분
농사꾼, 노동자, 목동, 평범한 누군가의 아들, 딸들입니다.

　하나님은 왕을 세우기 위해서 탁월한 정치 훈련과 군
사 훈련을 시키지 않았습니다. 마찬가지로 선지자를 세우
기 위해서 날카로운 성경 연구나 설교 훈련을 시킨 것이
아닙니다. 게다가 우리가 아는 '목표, 과정, 훈련'이라는 관
점에서 하나님의 사람들을 훈련시키지 않았습니다. 심지
어 초대 교회를 세운 예수의 열두 제자들은 그 당시의 사
람들이 보기에도 안타까울 정도의 사회적 수준과 지식 수
준을 가지고 있었습니다. 신약성경을 샅샅이 보십시오. 제
자들이 당시 '성경'이었던 구약성경을 인용하거나, 구약의
정신을 가지고 살아갔던 사람을 얼마나 찾을 수 있습니까.
그들이 반응했던 것은 대부분 먹는 것, 자는 것, 함께 노는
것에 관한 것이었습니다. 확실히 그들은 전공자도 아니요,

정규 수업을 받은 사람들도 아닙니다. 과연 그들이 저 위대한 '하나님나라'에 적합한 사람일지 의문입니다. 인간의 눈으로 보기에도 그저 오합지졸입니다.

그런데 하나님은 그런 사람들을 왜 부르셨던 걸까요? 왜 하나님은 저렇게 평범하고 능력 없는 사람들에게 위대한 하나님나라의 건설을 맡기신 걸까요? 우리가 보기에는 단 한 가지도 이해할 수 없지만, 하나님이 보시기에는 이들만큼 탁월한 사람들이 없기 때문입니다. 그들은 이미 〈마음〉이 준비되어 있었습니다. 인간적인 관점에서는 〈마음〉의 준비가 어떨지 모르겠지만, 하나님의 관점에서 〈마음〉의 준비는 가장 중요한 준비입니다. 하나님께서는 자신의 사람들이 마음을 준비하기에 충분한 시간을 사용하도록 하는 데 주저하지 않으십니다.

그래서 그대에게 질문해봅니다.

"그대의 마음은 어떤가요?"

이런 질문 자체가 굉장히 모호하고 애매한가요? 그럼 다르게 질문을 해보도록 하겠습니다.

"그대의 마음은 무엇을 향해 준비되어 있습니까?"

이것도 어려운가요? 그렇다면 더 이해하기 쉽게 이야기해보겠습니다.

"그대의 마음은 순종할 준비가 되어 있습니까?"

하나님은 자신의 사람들을 훈련시키되 〈마음〉을 가장 중요하게 훈련시킵니다. 이 〈마음〉을 훈련시키기 위해서 그대가 수많은 고난을 경험하게 하시고, 마음이 맞지 않는 사람, 다양한 세계를 경험하게 하십니다. 물론 그대가 알다시피, 그것은 꽤 아프고 서럽고 지치기도 합니다. 하나님도 다 알고 있습니다. 그러나 한번 더 정확하게 말해봅니다. 하나님은 〈마음〉이 훈련되지 않은 사람을 결코 사용하지 않으십니다. 적어도 하나님에게 있어서 그것은 가장 중요한 문제입니다. 하나님은 그대의 마음을 훈련시키기 위해서 시간을 아끼지 않습니다.

그렇다면 그 〈마음〉 훈련이란 무엇일까요? 따뜻한 사람이 되는 것? 착한 사람이 되는 것? 거룩한 사람이 되는 것? 정직해지는 것? 혹은 냉정한 사람이 되는 것? 아니면 이타적인 사람이 되는 것? 우리는 마음 훈련을 이 정도로 생각합니다. 사랑, 선함, 용서, 거룩, 정직, 이타성, 도덕성을 갖추는 것으로 생각합니다. 물론 이런 마음 훈련도 필수적이지만 하나님께서 훈련시키는 인간의 마음은 이런 영역에 있는 것이 아닙니다. **하나님이 훈련시키는 인간의 마음은 〈유일성〉에 대한 확고함입니다. 아니, 조금 어렵게 이야기하면 〈유일성〉에 대한 절대성입니다.**

80세에 모세를 부르심

모세를 잘 생각해봅시다. 그대가 잘 알다시피, 모세는 80세에 부르심을 받습니다. 우리는 모세의 부르심을 생각할 때, 그 전에는 모세가 아직 준비되지 않았다고 생각합니다. 우리가 지금 논의하는 〈마음〉의 준비도 되지 않았을 것으로 생각합니다. 그러나 엄밀한 의미에서 그렇지 않습니다.

모세가 장성한 후에 한번은 자기 형제들에게 나가서
그들이 고되게 노동하는 것을 보더니 어떤 애굽 사람이
한 히브리 사람 곧 자기 형제를 치는 것을 본지라
좌우를 살펴 사람이 없음을 보고
그 애굽 사람을 쳐죽여 모래 속에 감추니라
이튿날 다시 나가니 두 히브리 사람이 서로 싸우는지라
그 잘못한 사람에게 이르되

네가 어찌하여 동포를 치느냐 하매

그가 이르되 누가 너를 우리를 다스리는 자와 재판관으로

삼았느냐 네가 애굽 사람을 죽인 것처럼 나도 죽이려느냐

모세가 두려워하여 이르되 일이 탄로되었도다

출애굽기 2장 11-14절

모두가 잘 알고 있듯이 모세는 이집트의 왕자로서 왕궁에서 생활했습니다. 그러나 그는 이집트의 왕자로서 철이 없는 사람이 아니었습니다. 출애굽기 2장을 보면, 아주 훌륭한 인식을 가지고 있습니다. 첫째, 모세는 자신이 히브리인이라는 사실을 정확히 알고 있습니다. 둘째, 자신은 히브리인으로서 동시에 이집트의 왕자로서 히브리인을 도와야 한다는 인식을 가지고 있습니다. 셋째, 히브리인을 위해서라면 과감히 애굽인을 죽일 용기도 있습니다. 넷째, 히브리인들끼리는 하나이어야 한다는 공동체 의식도 가지고 있습니다.

만약 그대가 모세라면, 이런 분명한 자국의식, 애국의식을 가질 수 있었을까요? 아니요. 쉽지 않았을 것입니다. 왜냐하면 사람은 생각보다 이기적으로 자신을 사랑하기 때문입니다. 왕자라는 자리에 오른다면, 그것을 유지하기 위해서 사람은 더 다양한 이기심을 갖게 됩니다. 당시 관

점에서 깊이 생각해보면 모세가 자기 자신만을 위해서 살아간들, 그것을 욕할 수도, 흉을 볼 수도 없습니다. 그는 히브리인을 위해서 굳이 이타적이지 않아도 됩니다.

그러나 성경의 증언대로 그가 이집트 왕자로서, 자신이 히브리인이라는 정확한 인식을 가지고 있고, 그 인식으로 자신의 동족을 아껴서 애굽인을 살해한 것입니다. 모세가 자신의 동족을 위해 용기를 내는 것은 당시 사회적인 차원에서 볼 때 상당히 어려운 일입니다. 즉, 그는 이미 준비가 되어 있습니다. 이집트에서 이스라엘 사람들을 출애굽 시킬 준비 말입니다. 무엇보다 그의 나이 40세, 그는 젊고 건강하며 유능합니다. 그런데 참 재미있는 것은 하나님은 그런 모세를 사용하지 않으신다는 것입니다. 오히려 그를 버리듯이 내버려두십니다.

그 후 우리가 잘 아는 스토리가 시작됩니다. 모세는 애굽 사람을 죽인 것이 들통나자 바로의 눈을 피해 미디안 광야로 도망갑니다. 그는 그곳에서 이드로(르우엘)의 집으로 들어가게 되고, 십보라와 결혼한 후 양이나 치는 아주 평범한 인생을 살아갑니다. 그렇게 지나간 시간이 40년, 모세의 나이는 80세, 그 나이는 이제 무엇인가를 힘 있게 시작할 수도, 추구할 수도 없는 나이입니다. 무엇보다 '출애굽'이라는 거대한 리더십을 갖기에는 한없이 부족한 나이입니다. 그런데 참 재미있는 것은, 그 40년 뒤 모세 나이 80세에 하나님이 모세를 만나주십니다. 그리고 그에게 꿈을 주시고 비전을 주시고, 결국 그를 사용하십니다.

하나님은 왜 그럴까요? 하나님은 왜 이런 방식을 즐기시는 걸까요? 이 부분은 관점에 따라 다양한 해석이 가능합니다. 시간의 관점은 '하나님의 때'와 '인간의 때'가 아직 만나지 않았기에 40년을 더 기다린 것으로 해석하고, 상황의 관점은 당시 이스라엘의 상황은 출애굽 할 상황이 되지 않았기에 모세의 40년을 더 기다린 것으로 해석합니다. 또 예언적 관점은 하나님이 아브라함에게 말씀하신 출애굽의 때(창 15:13-16)가 아직 이루어지지 않았기 때문에 하나님은 모세를 더 기다리게 했다고 해석합니다. 이 밖에도 모세의 부르심에 관한 해석은 더 다양합니다.

그러나 이 사건은 문자의 해석학으로 볼 수 없는 모세의 '마음'에 관해서도 진지하게 생각해보아야 합니다. 성경의 표면에 있는 문자 말고, 문자 이면 속 자간과 행간 사이에 들어 있는 '하나님의 의도'에 대해서도 충분히 고민해보아야 합니다. 성경에 문자로 표현되어 있지는 않아도, 40년 동안 모세에게 있는 가장 큰 변화는 그의 '마음'일 것입니다. 40년 전에 있었던 불덩이 같은 정의감도 사라지고, 차가운 이성적 판단도 사라지고, 어설픈 신앙의 모양도 다 사라진 그의 마음 말입니다.

하나님의 음성에만 반응하는 마음

이 글을 읽으면서 그대는 이렇게 생각할 것입니다.

> "아니! 불덩이 같은 정의감이 사라지고,
> 차가운 이성적 판단도 사라지고,
> 어떤 신앙의 모양도 다 사라진 그의 마음이
> 하나님이 훈련시킨 마음이라는 말인가?"

물론 이런 마음은 표면상 탕자와 같은 마음입니다. 이런 마음이 훈련된 마음이라고 생각하기는 힘듭니다. 그러나 출애굽기 3장의 모세의 행동을 문자 이상으로 깊게 보면, 모세가 무엇에 반응하고 움직이고 있는지 볼 수 있습니다. 바로 하나님입니다. 모세의 마음은 어떤 정의감, 이성적 판단, 신앙적 가치관을 뛰어넘어, 하나님의 말씀에만 반응하고 있습니다.

하나님의 요구를 들어봅시다.

> 하나님이 이르시되 이리로 가까이 오지 말라

네가 선 곳은 거룩한 땅이니 네 발에서 신을 벗으라

또 이르시되 나는 네 조상의 하나님이니

아브라함의 하나님,

이삭의 하나님, 야곱의 하나님이니라

모세가 하나님 뵈옵기를 두려워하여 얼굴을 가리매

여호와께서 이르시되 내가 애굽에 있는 내 백성의 고통을

분명히 보고 그들이 그들의 감독자로 말미암아

부르짖음을 듣고 그 근심을 알고

내가 내려가서 그들을 애굽인의 손에서 건져내고

그들을 그 땅에서 인도하여 아름답고 광대한 땅,

젖과 꿀이 흐르는 땅 곧 가나안 족속, 헷 족속,

아모리 족속, 브리스 족속,

히위 족속, 여부스 족속의 지방에 데려가려 하노라

이제 가라 이스라엘 자손의 부르짖음이 내게 달하고

애굽 사람이 그들을 괴롭히는 학대도 내가 보았으니

이제 내가 너를 바로에게 보내어 너에게 내 백성

이스라엘 자손을 애굽에서 인도하여 내게 하리라

출애굽기 3장 5-10절

갑자기 나타난 하나님은 몇 가지를 요구합니다. "첫째, 신발을 벗어라. 둘째, 애굽으로 내려가라. 셋째, 지금 내

려가라. 넷째, 바로에게 가라." 하나님은 모세에게 순종을 요구하십니다. 물론 이 글을 읽는 그대는 이런 생각을 할 수도 있습니다.

'하나님이 모세에게 나타나서 저렇게 이야기했다면
당연히 순종할 수 있는 것 아닌가?'

그러나 모세의 입장을 깊게 고려한다면, 이 순종은 그리 쉬운 것이 아닙니다. 아니, 하나님의 음성의 진위 자체를 의심해볼 수 있는 상황입니다. 그 이유는 하나님의 음성이 들리는 곳은, 평소 모세가 자주 오르락내리락하는 호렙산이고, 그곳에서 자주 보는 풍경의 한 지점이기 때문입니다. 그런데 하나님은 그곳이 '거룩한 곳'이니 모세에게 "신을 벗으라"라고 말합니다. 모세의 입장에서는 하나님 편의 논리가 억지처럼 들릴 수도 있습니다. 자신이 평소에 잘 알고, 자주 가는 그곳이, '신발을 벗어야 할 만큼 거룩한 곳'이라니 말이 되지 않으니까요.

또 하나님의 다음 음성인 "가라, 내려가라, 애굽에서 이스라엘 백성을 인도하라, 바로에게 가라"라는 요구는 더 말도 안 되는 소리처럼 들릴 수 있습니다. 그는 40년 전 도망친 애굽의 왕자로 40년이 지난 지금 거대집단으로서의 이스라엘 백성들을 직면해본 적이 없습니다. 또 그들이 모세를 리더로 인정해줄 리도 없습니다. 또한 애굽의 왕인 바로에게 맞서는 것은 사실상 불가능한 일이기 때문입니다. 그리고 하나님이 모세에게 명령하신 조상들(아브라함, 이삭, 야곱)의 고향인 가나안 땅 역시 모세가 단 한 번도 경험해본 적이 없는 곳입니다. 그리고 무엇보다 지금 모세의 나이는 80세입니다.

적어도 논리라는 관점, 경험이라는 관점, 상황이라는 관점에서 보면 하나님이 요구하시는 것은 절대적으로 말이 안 되는 것처럼 보입니다. 아마 혈기 왕성하고, 의식이 분명했던 40대의 모세라면 이 요구에 순응하지 않을 것입니다. 그리고 이렇게 생각했을 것입니다. "저렇게 안 해도 나는 얼마든지 히브리 백성들을 구할 수 있어!" 혹은 "저렇게 하는 것보다 내 왕자의 지위를 사용해서 히브리 백성들을 인도하는 것이 상식적이고 합리적이야!" 40대의 모세라면, 자신이 가진 것들을 더 신뢰하여 그렇게 생각했을 수도 있습니다.

하지만 지금 모세는 80세입니다. 그리고 80세인 모세에게 하나님의 저 요구들은 다소 순응하기 어려운 요구입니다. 그러나 결론적으로 모세는 저 하나님의 음성에 순응합니다. 아니 순종합니다. 그 시작은 신발을 벗는 것부터

였습니다.

하나님은 40년 동안 모세의 마음을 훈련시켰습니다. 성경에 마음을 훈련하는 방법이나 방향, 그 의도에 대해서는 침묵하고 있지만, 40년 전에 비하면 모세의 마음은 변했습니다. 더 성실하게 되거나, 더 창조적이거나, 더 정직하게 되거나 이런 모양으로 마음이 변한 것이 아닙니다. **모세의 변한 마음은 바로 '깨어진 마음'입니다. 쉽게 이야기하면, 자기 자신을 신뢰하지 않고 하나님에 대해서만 반응하는 것입니다.**

80세인 모세가 반응하는 것을 다시 깊게 관찰해봅시다. 모세는 하나님에 대해서 마음을 완전히 열었고, 하나님의 음성에만 확고하게 반응하고 있습니다. 내면에 끓어오르는 의심과 경험에서 뚫고 나오는 자신을 신뢰하는 지식을 버리고, 아주 말도 안 되는 하나님의 음성에만 확고하게 순종하고 있습니다. 그래서 80세의 노인은 신발을 벗습니다. 이 행위가 누군가가 보기에 이해되지 않고, 합리적이지 않고, 이상해 보여도 말입니다. 그리고 이후에 성경에서 말해주는 모세의 여정 역시, 상황과 경험과 논리에 반응하는 것이 아니라 하나님에게만 반응합니다.

깨어진 마음

하나님은 그대의 〈깨어진 마음〉을 원하십니다. 그러면 이 〈깨어진 마음〉이란 무엇일까요? 사실 이 용어는 성경에서 나온 단어는 아닙니다. 제가 알기로 이 단어는 기독교가 만들어 낸 단어인데, 이것을 크리스천들에게 쉽게 설명한 사람이 바로《세 왕 이야기》(예수전도단)의 저자인 진 에드워드Gene Edwards입니다. 이 책의 원제는《A Tale of Three Kings : A Study In Brokenness》이고 정확한 번역은 '세 왕 이야기 : 깨짐에 관한 연구'입니다. 즉 이 책은 사울, 다윗, 압살롬이라는 세 왕에 관한 이야기이며, 그들이 각각의 상황에서 판단한 마음의 작용에 관해서 이야기 식으로 쉽게 풀었습니다. 그리고 다윗이 위대한 이유를 '마음의 깨어짐'으로 표현합니다. 아주아주 탁월한 책입니다. 그러나 다소 아쉬운 부분도 있습니다. 그것은 '깨어진 마음'이라는 기독교 용어를 명확하게 설명해주지 않은 점입니다.

진 에드워드가 표현했든지, 아니면 다른 어떤 기독교 작가가 표현했든지 〈깨어진 마음〉이라는 표현은 우리가 살고 있는 기독교 세계에 왔고, 종종 쓰이고 있습니다. 과연 〈깨어진 마음〉이 무엇을 의미할까요? 물론 이 용어가 신학적 논의의 대상은 아니기에 날카로운 정의는 힘들겠지만, 그래도 〈깨어진 마음〉이 함의하는 공통점은 있습니다. 그것은 하나님을 절대적으로 신뢰하는 마음이 나의 자존심도, 경험으로 확신하는 것도, 승리와 편리에 대한 기준과 인식도, 그 밖에 나의 모든 것을 하나님 앞에서 상대적으로 낮추게 만든다는 것입니다. 이런 이야기를 들으면 그대는 이렇게 생각할 것입니다. '그건 당연한 것 아닌가?' 그러나 이것은 당연한 것이 아닙니다. 꽤 어려운 차원입니다. 나의 마음 이상으로 하나님을 신뢰하는 것은 정말 높은 차원의 일입니다.

그대가 알고 있는 〈믿음〉이라는 진리는 어떤 진보성을 가지고 있습니다. 그것은 미래지향적이며, 이상적인 방향이 있습니다. 그리고 그것을 현재 나의 삶에 투영하여 진지하게 걸어가는 것입니다. 그대가 배운 믿음은, 이 방향 속에 진보적인 성격이 주된 색채를 띕니다. 그것이 대학이든, 직장이든, 결혼이든, 미래의 어떤 모습이든 말입니다. 그대는 그런 이상적 미래를 향한 진보를 이루는 매개를 기독교의 믿음으로 배웠을 것입니다. 결국, 전지전능하신 하나님께 '구하라', '찾으라', '두드리라' 그래서 앞을 향해 걸어가는 것을 믿음으로 생각했을 것입니다.

그러나 기독교의 믿음을 이런 차원으로만 이해하는 것은 반쪽짜리의 이해입니다. 아니, 조금 낮은 수준의 이해입니다. **왜냐하면 진정한 기독교의 믿음의 위대성은,**

'받아들임'에 있기 때문입니다. 내가 원치 않는 결과, 내가 원치 않는 상황, 내가 원치 않는 그 모든 시간을, 거절하지 않고 받아들이는 수용성이, 기독교가 추구하는 믿음의 고차원입니다.

그대가 사랑하는 예수가 그토록 아름다운 이유는, 반드시 십자가를 져야만 하는 모든 상황을 믿음으로 받아들였기 때문입니다. 그대가 사랑하는 바울이 그토록 위대한 이유도, 그가 하나님께 구한 것보다 하나님이 주시는 모든 고난을 받아들였기 때문입니다. 다윗이 그토록 향기 나는 이유도, 아둘람 굴을 받아들였던 것에 있었고, 욥이 그토록 빛나는 이유도 이유 없는 고난을 모두 받아들였기 때문입니다. 즉, 〈깨어진 마음〉이란, 이런 받아들이는 마음에서 만들어지는 〈마음의 모양〉입니다.

"하나님은 선하십니다." 이 말은 우리가 너무 자주 사용해서 이제는 감흥조차 없는 말입니다. 그러나 하나님의 사람들은, 이 눈부신 진리에 눈을 떴습니다. 이 진리를 보고 인간적인 가치관들은 맹인이 되어, 그 모든 것을 분토糞土로 여겼습니다. 그들은 황량한 곳에서 향기로운 하나님의 선하심을 처절히 깨닫고, 자신의 온 존재를 덜덜 떨며 회개의 자리로 나아갔습니다. 그들은 선하신 하나님이 주신 모든 결과를 반가움으로 받아들인 것입니다. 그것이 그대가 원하는 삶의 모양이나 그대가 추구해온 결과물이 아니더라도 말입니다. 그런 인식의 전환 속에서 변화되는 마음의 모양이 계속해서 이야기하는 〈깨어진 마음〉입니다.

인생을 이해하는 방식이 중요한 이유가 여기에 있습니다. 〈그리스도인〉이라는 호칭을 가지고 있으면서, 이 세상 사람들과 같은 방식, 같은 생각, 같은 가치관을 가지고 있다면 그대는 하나님의 선하심을 알 수 없습니다. 절대 알 수 없습니다. 왜 그럴까요? 그대는 그대에게 원하는 것을 그대가 원하는 방법과 시간으로만 주셔야 '하나님은 선하다'라고 아주 유치하게 고백하기 때문입니다. 그대는 감히 하나님이라는 존재를 산타클로스 정도의 수준으로 낮춰서 인식하는 것입니다. 그대가 진정 '하나님의 선하심'을 경험하길 원한다면, 먼저 하나님이 주시고자 하는 것을 반가운 마음으로 받아들이는 것에서부터 시작해야 합니다. 비록 그것이 그대가 아주 많이 원하지 않는 결과일지라도 말입니다.

하나님은 반드시 그대의 마음을 훈련시키십니다. 그리고 그 훈련의 정점은, 유일하신 하나님을 향한 불변하는 확고함입니다. 그 확고함은 하나님이 주시는 모든 시간과 환경과 결과에 대한 절대적 신뢰입니다. 고난과 아픔도, 시련과 좌절도 모두 피하지 않고 받아들이는 것입니다. 그

무명

리고 그때 하나님이, 성경에서 나온 하나님답게 조금 더 보이는 것입니다. 마음이 훈련되지 않은 사람은 절대 경험할 수 없습니다. 마음이 깨어지지 않은 사람도 절대 경험할 수 없습니다. 더 쉽게 이야기해서 마음이 깨어지지 않은 사람은 절대로 하나님을 성경에 있는 하나님답게 경험할 수 없다는 것입니다.

자신감

이 땅에 있는 수많은 사람이 자신을 훈련하는 이유는 결국 마음에 맺혀 있는 어떤 것을 좇아서 살아가기 때문입니다. 마음에 맺혀 있는 어떤 것을 현실로 잉태하기 위해서, 세상이 주는 가치관을 받아들이는 것을 주저하지 않습니다. 더 쉽게 이야기해서, 그들은 마음대로 살고 싶은 것입니다. 그것이 직장이든, 집이든, 인간관계든, 어떤 욕구와 욕망이든 말입니다. 그것을 표면적으로 가장 잘 보여주는 것이 바로 '돈'입니다. 돈이 있어야 안정되고, 돈이 없으면 불안하다고 생각합니다. 돈을 기준으로 보면, 정말 그렇습니다.

삶의 방향이 정확했던 하나님의 사람들을 심도 있게 관찰해봅시다. 하나님의 사람들이 가지는 자신감은 소유의 유무가 아니었습니다. 돈의 많고 적음에 있지 않았습니다. 하나님의 사람들이 가진 자신감은 '유연함'입니다. 그들은 깨어진 마음으로 유일하신 하나님의 선하심을 바라보는 믿음이 흔들리지 않았기에 아주 반가운 마음으로 낮아지기를 두려워하지 않았던 것입니다. 아주 가벼운 마음으로 잊혀지는 것을 주저하지 않았던 것입니다. 아주 기꺼운 마음으로 고생하기를 청했던 것입니다.

다윗이 사울을 피해 도망쳤던 사건들을 깊게 묵상해봅시다. 다윗은 사울에게 쫓기고, 이방 군대들에게 쫓기고, 압살롬에게 쫓깁니다. 그러나 다윗의 모습에는 어딘가 자신감이 있지 않습니까? 바울의 감옥생활도 깊게 묵상해봅시다. 오해와 비난을 수없이 받고, 예수의 제자들에게도 왕따를 당하고, 태장에 맞고, 채찍에 맞고, 돌에 맞고, 굶고 헐벗은 모습이 보입니다. 심지어 당시에는 아무도 바울의 위대함을 알아주지 않았습니다. 그러나 바울이 위축되었습니까? 바울의 모습에 어딘가 자신감이 있지 않습니까? 하나님의 사람들이 가진 자신감은, 이미 이긴 싸움을 싸우는 전사의 모습이 있습니다. 그들은 하나님의 선하심에 대해 흔들림이 없었습니다. 그래서 원치 않는 결과가 이루어져도 이런 고백을 하는 것입니다.

이 사람들은 다 믿음을 따라 죽었으며 약속을
받지 못하였으되 그것들을 멀리서 보고 환영하며
또 땅에서는 외국인과 나그네임을 증언하였으니
그들이 이같이 말하는 것은
자기들이 본향 찾는 자임을 나타냄이라

히브리서 11장 13,14절

히브리서 11장은 '믿음장'이라는 별명이 있습니다. 히브리서 11장은 믿는 사람이 무엇을 보고 움직이고 걸어가고 어떤 희망의 노래를 읊조렸는지, 그 내력에 대해서 말해 주고 있습니다. 그것을 한 문장으로 표현해보면, '결론'에 대한 새로운 이해입니다. 믿음으로 살아갔던 이들은, 자신이 원하는 결론이 오지 않아도 작아지지 않았습니다. 믿음이 약해지지도 않았습니다. 그 이유는 선하신 하나님을 강렬하게 인식하고 있기 때문입니다. 그들은 지금의 결과가 궁극의 결과가 아니라는 진리와 지혜를 충분히 이해한 사람들입니다. 그러니까 고난이라도 사뿐히, 좌절이라도 가뿐히 걸었던 신앙의 내력이 그들에게 있었던 것입니다.

훈련의 종점

깨어진 마음을 소유한 사람만이, 하나님이 주시는 결과들을 받아들일 수 있는 사람만이, 하나님을 볼 수 있습니다. 그렇게 하나님을 본 사람만이, 이 세상이 기준으로 제시하는 자격을 접고 전혀 다른 기준으로 살아갈 수 있습니다. 그런 자신감이 있을 때, 하나님이 주시는 기적도 응당 따라오는 것입니다.

그러니 그대가 진정 하나님을 믿는다면, 훈련에 임할수록 그대 스스로 다른 것을 훈련하지 말라고 강력하게 권면합니다. 오히려 그대의 마음을 유연하게 하나님께 드립시다. 그대의 기준과 판단력도 다 드립시다. 욥의 일대기처럼 원치 않는 고난의 모양들이 그대에게 쏟아져 와도 하나님의 선하심을 의심하지 맙시다. 원치 않는 상황과 더 원치 않는 인간관계가 파도와 같이 그대의 삶에 밀려들어 와도 모든 것을 흡수하는 지혜가 있어야 합니다. 그럴 때 표면상 그대의 마음과 삶이 상하고 찢어지지만, 살아 계신 하나님은 그 자간과 행간 사이에서 두 눈 시퍼렇게 뜨고 일하시는 것입니다. **그대가 잘못하지 않았다면, 잘 가고 있는 것입니다. 그대가 믿었던 것들에 대해 자신감을 가집시다. 그렇게 그대에게 주어진 시간과 기회 그리고 그대의 인생을 이해할 때, 훈련은 어느덧 종점으로 가고 있을 것입니다.**

그래서

그리고

그렇다면

그렇기에

그러니까

그 훈련의 종점에 무엇이 있을까요?

'소 잃고 외양간 고친다'라고 놀리지만

그가 어떤 눈물로 망치질을 하는지
어떤 다짐으로 톱질을 하는지, 너는 아는가.

그가 다신 만든 외양간에
만삭인 마리아가 오고 있는지, 너는 아는가.

무명

3장

한겨울 내내 얼어붙은 대지를 거꾸로 들어 올리며
자신의 머리를 올리는 봄꽃

그게 너였으면 좋겠다

끝이 아니다

그대는 지금 충분히 〈훈련〉을 받았습니다. 그 훈련은 그대의 마음에 관한 훈련이었습니다. 그 마음의 훈련은 그대가 원하는 지점을 향해서 가는 것이 아니라, 하나님이 원하시는 지점을 향해 가는 훈련이었습니다. 인생을 다르게 이해하며 그리스도인으로서 그대가 그대의 인생을 다시 인식하는 과정이었습니다. 그렇기에, 내가 이루고자 하는 삶을 믿음의 전부라고 부르지 않았습니다. 오히려, 하나님이 주시는 결과들을 받아들이는 것을 믿음의 진수라 부르자고 배웠습니다. 비록 하나님이 주시고자 하는 것이 그대가 원하는 것과 상당한 차이가 있을지라도 말입니다.

하나님이 주시는 모든 것들을 받아들이고 또 긍정하며 하나님의 선하심을 의심하지 않는 것이, 그대가 지금까지 받은 〈마음 훈련〉입니다. 성실하게 이 과정을 걸어갔다면, 그대의 마음이 한 가지는 확실하게 변해 있을 것입니다. 그것은 그대의 마음이 〈깨어진 마음〉이 되었다는 것입니다. 그렇기에 누구보다 유연하고 부드럽지만, 유일하신 하나님에게만 반응하는 마음 상태가 되었을 것입니다. 하나님을 경외하는 것은 거기서부터 시작되는 인식의 첫걸음입니다.

그대가 이 정도 수준의 마음과 유일하신 하나님을 향한 경외감이 있다면, 그대는 스스로 이렇게 생각할 것 같습니다.

'이 정도면 훈련이 끝난 것 아니겠는가?'

그대는 마음의 훈련이 충분하게 되었으니 스스로 정한 기준에서 〈끝〉이라는 판단을 내릴 수도 있습니다. 그리고 한 단계 더 나아가 이런 생각을 할 수 있습니다.

'마음의 훈련을 잘 받았으니,
이제 내가 바라고 꿈꾸는 것들이 다 이루어지겠지?'

어쩌면 그대는 마음의 훈련 끝에, 또 하나의 보상을 간절히 바라고 있는지도 모르겠습니다. 그러나 결론적으로 이야기하면, 결코 그렇지 않습니다. 끝이라고 생각하는 것은, 가장 순수한 착각입니다. 신앙의 영역에서 그대가 스스로 내린 기준에서 끝이란 그 어떤 의미에서도 끝이 아닙니다. 오히려 하나님 편에서는 이제부터가 본격적인 시작일 수 있습니다.

그대의 마음이 확실하게 깨어진 마음이라면, 이제 시간에 대한 조급함도 없어지고 기준과 가치에 대한 분별도 생겼을 것입니다. 그대가 깨어진 마음으로 사람과 상황을 구분하지 않고 유일하신 하나님의 음성에만 반응할 수 있으니, 이제부터야말로 하나님이 본격적으로 그대에게 무엇인가 시작할 수 있는 시간일 수 있습니다. 하나님이 그대를 향해서 태초부터 품었던 그 무엇 말입니다. 하나님이 그대를 향해서 처음부터 가졌던 그 마음 말입니다. 사실 하나님도 그대와 함께하고 싶었던 무엇이 있었습니다. 그래서 하나님 편에서는 이제 시작입니다.

하나님의 수업

성경은 이상할 만큼 마음의 훈련을 강조하지만, 마음의 훈련을 받은 사람을 바로 사용하지 않습니다. 하나님은 참 짓궂죠? 어떤 기적과 이적을 바로바로 주시지도 않습니다. 마음의 훈련을 받았기에 오히려 정확하게 또 다른 수업을 받게 하십니다. 그것이 바로 '무명'입니다. 하나님은 참 얄궂죠?

'이게 뭐냐고요?'

'도대체 언제 내가 꿈꾸던 것들이 이루어지냐고요?'

'마음의 훈련이 전부가 아니었냐고요?'

'하나님의 훈련에 졸업이 있기나 한 거냐고요?'

한숨으로 얼룩진 그대의 마음이 보입니다. 그러나 그대가 가진 이 수많은 의문과 불평은 사실 대단한 것이 아닙니다. 광야를 살았던 이스라엘 백성들이라면 누구나 했던 의문과 불평이었습니다. 또 하나님의 사람들이 겪었던 의심과 불만이기도 했습니다.

그러나 그대여, 잠잠하길 바랍니다. 조금 더 신중하게 저의 이야기를 들어보길 바랍니다. 사실, 그대는 헤매고 있는 것이 아닙니다. 오히려 그대는 확실한 자격을 얻은 것입니다. 하나님이 사용하시고, 하나님이 훈련시키실 만한 시작으로서의 자격 말입니다. 하나님은 자격조차 되지 않는 사람을 자신의 수업에 참여시키지 않습니다. 그 첫 번째 수업은 '무명'입니다. 하나님은 반드시 마음의 훈련이 충분히 된 사람에게 '무명'의 시간을 주십니다. 그렇다면 하나님의 수업인 '무명'이란 무엇일까요?

무명

　　성경에는 하나님의 사람들이 받는 수업을 표현하는 단어들이 있습니다. 자주 쓰는 표현은 '광야'입니다. 혹은 '연단과 훈련'이라고 표현하기도 합니다. 어떤 이들은 '고난과 좌절'이라는 카테고리 안에서 표현하기도 합니다. 뭐_ 표현은 다양합니다. 어떤 표현도 특별히 잘못된 것은 없습니다. **그러나 저는 하나님의 사람들이 받는 수업을 '무명'**obscurity **이라고 말하고 싶습니다. 그 이유는 하나님의 사람들이 본격적인 하나님의 수업을 받을 때, 이들은 철저하게 인간적인 희망과 가능성을 잃어버리는 사건을 경험하기 때문입니다. 그리고 그 시간(혹은 기간)은 언제가 마지막일지 알 수 없으며, 심지어 앞뒤, 좌우라는 삶의 방향을 완전히 잃어버릴 때도 있습니다.**

　　그러나 그간 조국 교회는 이 '무명'이라는 훈련에 대해서 침묵했습니다. 왜 그랬을까요? 어쩌면 무명의 수업을 발견하지 못해서 그런지도 모릅니다. 어떤 분들은 그리스도인의 무명의 시간을 죄의 결과로 이야기하기도 합니다. 탕자가 방황하는 것처럼 보이니까요. 그러나 결코 그렇지 않습니다. 결국 탕자는 정확한 방향을 찾아 소중한 의미를 발견해서 아버지의 곁으로 다시 돌아옵니다. 이렇 듯 '무명'의 수업은 모든 하나님의 사람이 겪었던 진실된 과정이었습니다.

그대가 설교 시간에 흔하게 들은 광야 40년을, 그 시 대에 직접 살아간다고 생각해보십시오. 그대는 4시간도 견딜 수 없을 것입니다. 그대가 설교 시간에 편하게 들은 구름기둥과 불기둥을 따라서 광야를 걸어간다고 생각해 보십시오. 그대는 하루저녁도 견딜 수 없을 것입니다.

성경에 나오는 하나님의 사람들이 경험하는 그런 무 명의 시간들은, 그리 낭만적인 시간이 아닙니다. 희망을 결론으로 보는 문법에서는 당시의 좌절을 낭만적으로 해 석할 수 있겠지만, 그 당시 하나님의 사람들은 내일이 없 는 사람들이었습니다. 현대 사회에서 굴욕의 한 스푼처럼 마시게 되는 무명의 시간(혹은 기간)과는 질적으로 다른 것 입니다.

물론 현대 사회에서 겪는 무명의 시간도 힘들고 어렵 고 좌절의 덩어리라는 것을 알지만, 대부분 자신의 선택 에 의해서 이루어진 결과들입니다. 자신이 선택했기에 무 명이라는 그 공복감을 견딜 수도 있는 것입니다. 또한 무 명인 그들은 거친 삶을 살아가지만, 그래도 희망의 한 조각이라도 꿈꿀 수 있는 여지가 있습니다. 그러나 하나님의 사람들이 겪었던 무명은, 내일이 없는 무명입니다. 하나님의 사람들은 자신이 결국 하나님의 사람이 될 것이라는 한 가닥의 기대도 생각하지 못했던 사람들입니다. 앞으로 그대에게 구체적으로 보여줄 몇몇 하나님의 사람들의 이야기를 들으면 더 공감하게 될 것입니다. 반복해서 강조하지만, 그들은 내일이 없는 사람들이었습니다. 무엇보다 그들은 자신이 하나님께 쓰임 받을 것이라고는 감히 상상도 할 수 없었습니다.

그대는 또 이런 생각을 자연스럽게 할지도 모르겠습니다.

'무명이라니, 왜 꼭 이래야만 하는 건가?'

'무명의 시간이라니, 조금 쉬운 방법은 없을까?'

'하나님 믿기 겁나서, 하나님으로부터 도망치고 싶다'

'아니, 하나님을 위해서 살고 싶은 꿈이 생긴 게
무슨 죄라고, 이렇게 힘들어야 하는가?'

그러나 결론적으로 말하면, 하나님이 자신의 사람들을 철저한 무명 가운데 두시는 이유는, 그들의 모든 결론이 자신의 이름을 높이는 '유명'famous이 아니라 하나님을 위해서 사는 '사명'mission의 길로 걸어가게 하기 위함입니다. 유명과 사명이라는 완전히 서로 다른 방향에, 한 가닥의 흔들림도 없기를 바라는 마음에서 하나님은 그대가 무명의 수업을 받도록 하시는지도 모릅니다.

무명한 사람들

이제 천천히 논의하겠지만, 무명을 겪은 하나님의 사람들은 사실 버림받은 것이 아닙니다. 하나님 안에서 무명을 겪은 사람들의 결론은, 그 시간(혹은 기간)을 통해 강해지고, 똑똑해지고, 아주 탁월한 능력을 얻게 됩니다. 무명의 시간에 하나님 안에서 만들어진 근력은, 이 세상의 것들로 만들어진 근력이 아닙니다. 결국 그들은 이 세상을 잡아 찢고 부술 만한 힘이 생깁니다. 그러나 그 모든 것을 가지고 자신을 위한 유명의 길로 갈 것인가, 아니면 그 모든 것을 가지고 하나님을 위한 사명의 길로 갈 것인가는, 무명 시절에 깨어진 마음으로 누구를 주인으로 섬기는지에 따라 달라집니다.

그대가 교회 안에서 흔히 들었던 말들이 있습니다.

"하나님, 저 돈이 많이 필요합니다.
저에게 물질의 복을 허락하시면, 그 모든 것을
하나님나라를 위해서 쓰겠습니다."

"하나님, 지금 저를 축복해주셔서 제가 유명해지면,
하나님을 위해서 살겠습니다."

"하나님, 이번에 로또 1등이 되면,
제가 9/10를 하나님께 드리겠습니다."

그대가 아주 흔하게 듣고, 말하기도 한 신앙의 고백들입니다. 그러나 이 모든 것들은 거의 뻥입니다. 무명의 시절부터 철저하게 하나님을 위해서 살지 않은 사람은 결국 나중에도 하나님을 위해서 살 수 없는 법입니다. 혹 그것이 가능하다 한들, 하나님은 그 사람의 유명이 필요한 것이 아닙니다. 그 사람이 가진 유명을 통한 영향력이 필요한 것도 아닙니다. 하나님은 하나님의 사명에 사로잡힌 사람들을 원하십니다. 그래서 언제나 하나님이 사용하시는 사람은 소수였습니다.

그대가 어설프게 성경을 보면, 성경 속에 나와 있는 하나님의 사람들이 모두 주인공 같아 보입니다. 오늘을 살아가는 우리가 이해하는 정도는, 어떤 드라마나 영화의 주연 배우들을 하나님의 사람이라고 생각합니다. 그런 생각이 드는 이유는 성경에 나와 있는 인물들의 이름을 거의 죽을 때까지 반복해서 듣기 때문입니다. 베드로, 요한, 예수, 바울, 아브라함, 야곱, 이삭, 다윗, 모세 등등 그대는 이런 사람들이 성경의 주인공이기 때문에 '유명'한 사람들이라고 당연하게 생각하지만, 그 시대의 논조로 읽어본다면, 이들은 모두 '무명'한 사람들이었습니다. 그 시대의 기준과 문법으로 그들을 읽어보면, 그들은 절대로 세상을 변화시킬 만한 재목材木이 아니었습니다. 그 시대의 기준에서 하나님의 사람들은, 그대가 언제나 어디서나 편하게 이야기하는 듣.보.잡.이었을 것입니다. 그러나 하나님 편에서 이들은 세상을 뒤집어버리기에 충분한 가능성을 가진 사람들이었습니다.

무명의 훈련이 의미하는 것

그렇다면 하나님의 수업인 '무명의 시간'이 의미하는 훈련의 본질은 무엇일까요? 그 수업에는 두 가지 의미가 내포되어 있습니다. 첫 번째는 탁월함, 두 번째는 겸손함입니다. 하나님은 무명이라는 수업을 통하여, 사람을 탁월하게 하십니다. 그러나 이 세상의 훈련 메커니즘인 반복, 연구, 절제, 자기개발을 통해서 성취하는 것이 아닙니다. 하나님은 하나님이 주신 시간들을 조우하게 하심으로, 그 사람을 탁월하게 다듬으십니다.

먼저 요셉의 이야기를 해봅시다. 모두가 잘 알고 있듯이, 요셉은 보디발의 노예로서 자신이 하는 집안의 총무 일이 결국 이집트 총리의 일이 될지 꿈에도 상상하지 못했을 것입니다. 요셉은 감옥에서 들었던 술 맡은 관원장, 떡 맡은 관원장의 이야기가 이집트의 정치 수업이었을지 전혀 몰랐을 것입니다. 그 모든 이상한 시간들이, 하나님이 요셉을 훈련시켜 탁월함을 탄생시키는 은혜의 자궁이었는지 가늠조차 할 수 없었을 것입니다.

다윗도 마찬가지입니다. 양 떼를 기르며 품었던 목양의 마음이, 이스라엘을 운영하는 마음이 될지 몰랐을 것입니다. 양 떼를 지키기 위해 싸웠던 곰과 사자와의 전투가, 훗날 골리앗을 이길 수 있는 탁월함의 탄생이었는지 전혀 알 수 없었을 것입니다.

바울 역시 마찬가지입니다. 그는 훗날 예수를 믿고, 예수를 얻어, 그 전에 알고 있었던 모든 것을 배설물같이 여겼습니다. 그러나 그가 다녔던 지중해의 세계들이, 예수의 제자들은 결코 생각해보지 못한 선교적 교회의 시작이 될 줄 전혀 몰랐을 것입니다. 바울은 젊은 날 고생하면서 공부한 논리적 글쓰기와 체계적인 문법들이, 성경을 탄생하게 한 탁월함이 될 줄은 결코 알지 못했을 것입니다. 이 외에도 무명의 시절에 만들어지는 하나님의 사람들의 탁월함은 너무나 많습니다.

이 세상에서 말하는 무명의 시간(혹은 기간)은 그대가 그대를 단련하는 시간입니다. 그러나 성경에서 말하는 무명의 시간(혹은 기간)은 하나님이 그대를 단련하는 시간입니다. 하나님은 무명이라는 시간을 통해 그대를 결코 버리는 것이 아닙니다. 그 시간을 통해서 아주 강력하고 지혜롭고 탁월하게 만들어 가시는 것입니다. 그러나 당시에는 그것이 하나님의 수업인지 전혀 알 수 없다는 이상한 신비가 있습니다. 그렇기에 하나님이 주신 무명의 시절을 가장 지혜롭게 보내는 방법은, 모든 시간을 사랑하는 것입니다. 모든 순간을 사랑해서, 모든 삶에 최선을 다하는 것입니다. 더불어 모든 관계에 성실한 것입니다.

이디스 쉐퍼Edith R. M. Schaeffer가 이런 말을 했습니다. **"현실 생활에서 정말 중요한 일은 북 치고 꽹과리 치며 다가오지 않는다. 당신이 지금 만나는 사람, 당신이 지금 하**

는 일, 당신이 지금 읽고 있는 책이 당신 생애에 가장 중요
한 일이다." 이것이 무슨 말일까요? 그대의 인생에서 정말
중요한 일은 요란하게 다가오지 않는다는 것입니다. 마치
이것이 정말 중요한 일인 것처럼 소리 내고 티 내면서 오
지 않는다는 것이죠. 오히려 아주 조용하게 다가옵니다.
아주 사소하게 다가옵니다. 그렇기에 지금 그대가 만나
고 있는 관계, 지금 하고 있는 일, 지금 읽고 있는 책이 사
실 내 인생에서 가장 중요한 일이라는 의미입니다. 그러니
잊지 맙시다. 그대가 가지는 스스로의 판단력으로, 그대에
게 다가오는 일과 관계, 시간과 의미에 관해서 귀하고 천
함을 판단하는 것은 어리석은 것입니다. 하나님 안에 있다
면, 모든 시간이 중요한 것입니다. 모든 시간과 볼을 비비
며 사랑하는 지혜를 배워야 합니다.

　하나님의 수업인 무명의 시간(혹은 기간) 역시 마찬가
지입니다. 당시에는 그것이 정말 결정적인 하나님의 수업
인지 아닌지, 결코 알 수 없습니다. 이상하게 그런 신비가
공통점으로 있습니다. 그렇기에 이 시간에 가장 바보 같은
생각은 하나님을 믿지 못하는 것입니다. 하나님을 믿지 못
해서 나에게 주어진 상황과 사람과 일 등등 모든 것을 내
가 임의로 판단해서 구분하는 것입니다. 알곡과 가라지는
주님이 가려주실 것입니다. 지금 그대가 마주하고 있는 일

상을 그대 스스로 의미 없고, 재미없는 시간으로 만들어서는 안 됩니다. 그대에게는 그 모든 시간에게 가장 행복하게 '안녕'을 말할 수 있는 지혜가 필요합니다. 왜냐하면, 어쩌면 그대는 지금 인생에서 가장 중요한 순간을 보내고 있는지도 모르기 때문입니다.

무명 수업 1 : 탁월함

인생을 고지론高地論으로 이해하게 되면 그대가 준비하는 모든 것들은 누군가를 밟아야 하거나, 누군가보다 빨라야 하거나, 누군가보다 강력해야 합니다. 결국은 누군가의 등과 얼굴, 마음과 영혼을 밟고 일어선 나의 모습을 보여줘야, 세상은 탁월하다고 말해줄 것입니다. 왜 그럴까요? 그것은 탁월함의 기준을 '다른 사람보다'로 세우고 있기 때문입니다. 그것이 학력이든, 직장이든, 외모든, 인기이든, 내가 소유한 어떤 것이든 말입니다. 탁월함의 기준을 타인보다 더한 어떤 것으로 두기에, 그대는 아무리 노력해도 탁월할 수가 없는 것입니다. 왜냐하면 그대보다 빠르고 강력하고 화려한 사람은 얼마든지 많이 있으니까요. 그러니 아무리 집중력 있게 시간을 관리해도, 늘 부족한 법입니다.

성경에서 탁월했던 하나님의 사람들은 어떠했을까요? 참 재미있게도 그들은 탁월함의 기준을 '다른 사람보다'로 정하지 않았습니다. 하나님의 사람들은 누군가의 등을 밟기 위해서, 누군가보다 빠르기 위해서, 누군가보다 강력하기 위해서 자신을 단련하지 않았습니다. 탁월함의 기준을 어떤 소유나 능력, 스펙에 두지 않았습니다. 그 이유는, 그것으로 이룰 수 있는 것은 지극히 작은 것들이라는 것을 알았기 때문입니다. 그런 것들로는 하나님이 주신 비전들을 이루어낼 수 없다는 것을 알았습니다. 세상적인 기준에서 준비된 탁월함은, 기준 그대로 누구보다 좀 더 준비된 사람이 될 뿐입니다.

하나님의 사람들이 탁월함으로 두었던 기준은 언제나 '하나님과의 관계'입니다. 모든 시간에 내가 얼마나 '하나님과 탁월한 관계'를 가졌는지가 그들이 추구했던 탁월함의 기준입니다. 그리고 그 관계에서부터 시작되는 하루의 행보들이 정확한 진보를 이루어낼 수 있다고 믿는 사람들입니다. 왜 그럴까요? 그들은 하나님이 어떤 기준보다 위에 있고, 어떤 기준보다 절대적이라고 생각했기 때문입니다. 그리고 그 하나님의 기준에서 추구하는 결과들이, 내가 원하는 결과로 나오지 않더라도 '하나님은 실수하지 않으시는 분'이라는 믿음을 가지고 있기 때문입니다.

무명

물론 그대도 이런 〈믿음의 공식〉을 쉽게 믿고 받아들일 수 있습니다. 매주 설교 시간에 이런 믿음의 공식을 직간접적으로 자주 듣기 때문입니다. 그러나, 이런 〈믿음의 공식〉을 매번 〈삶의 방식〉으로 추구하는 것은 결코 쉬운 일이 아닙니다. 〈무명〉이라는 시간 속에서, 참으로 주님을 신뢰하며 주어진 모든 과정들을 반갑게 맞이하는 자세 그리고 그 주님이 그 시간에 〈탁월〉하게 훈련시키고 있음을 믿는 자세는 꽤 어려운 영역입니다.

무명에 처한 모세에게

너무나 쉽지만, 사실 가장 어려운 이야기를 해보려고 합니다. 이번에도 '모세'의 이야기입니다. 그대는 〈훈련〉이라는 파트에서, 모세가 받은 훈련에 관해서 보았습니다. 그것은 '마음에 관한 훈련'이었습니다. 마음의 훈련을 받은 모세는, '유명'해진 것이 아니라 모두가 알 수 없는 '무명'이 되어버렸습니다. 그러나 하나님은 그런 모세를 부르시고, 그런 모세를 만나주시면서, 하나님의 사명을 이야기합니다.

이제 내가 너를 바로에게 보내어 너에게

내 백성 이스라엘 자손을 애굽에서 인도하여 내게 하리라

출애굽기 3장 10절

하나님이 주신 사명은, 그대가 잘 알듯이 첫 번째, 바로에게 가라, 두 번째, 이스라엘 자손을 애굽에서 인도해 내라는 것입니다. 그러나 이 거대한 명령 앞에 모세가 가장 상식적인 질문을 합니다.

모세가 대답하여 이르되 그러나 그들이 나를
믿지 아니하며 내 말을 듣지 아니하고 이르기를
여호와께서 네게 나타나지 아니하셨다 하리이다

출애굽기 4장 1절

성경의 기록대로라면, 당시 이스라엘 인구는 장정만 60만 명입니다(출 12:37). 만약 어린아이, 노인, 여자 등등을 포함한다면 훨씬 더 많았을 것입니다. 성경의 기록대로라면, 이스라엘 백성들은 430년간 애굽에서 노예생활을 한 것입니다(출 12:40,41). 430년, 이것은 정말 아득한 시간입니다. 즉, 그들은 뼛속까지 노예로 살아온 정체성을 가지고 있습니다. 그런 그들에게 모세라는 초라한 1인이 와서, 하나님의 명령을 이야기한들 그들이 들을까요? 하나님의

이름으로 말해도, 그들이 비웃지 않겠습니까?

　그런 전제 속에서 모세는 상식적인 질문을 한 것입니다. 첫 번째, "하나님, 이스라엘 백성들이 내 말을 듣지 않으면 어떻게 합니까?" 두 번째, "하나님, 이스라엘 백성들이 하나님의 나타나심을 무시하면 어떻게 합니까?"입니다. 모세의 질문은 상식을 모판으로 자라나는 줄기들이죠. 더구나 이집트의 왕자였던 전성기의 모세라면 모를까, 현재의 모세는 이스라엘 백성들이 알아볼 수 없는 거지꼴(?)이 분명할 것이기 때문입니다. 모세는 아무것도 가진 것이 없습니다. 그런데, 하나님은 모세의 그런 상식적인 질문에 이렇게 말씀하십니다.

　　모세가 대답하여 이르되 그러나 그들이 나를
　　믿지 아니하며 내 말을 듣지 아니하고 이르기를
　　여호와께서 네게 나타나지 아니하셨다 하리이다
　　여호와께서 그에게 이르시되
　　네 손에 있는 것이 무엇이냐 그가 이르되 지팡이니이다

　　　　　　　　　　　　　　　　　　　출애굽기 4장 1,2절

　하나님이 모세에게 하시는 대답은 동문서답東問西答 같습니다. 하나님은 모세의 상식적인 질문에, 정확한 대답을 말하지 않습니다. 모세의 필연적인 의문에, 탁월한 해답을 보여주지 않습니다. 모세의 깊은 고민 속에, 모든 것을 해소할 수 있는 미래지향적인 어떤 비전을 보여주지 않습니다. 단지, 모세의 손에 무엇이 있는지를 보게 합니다. 그렇다면 모세의 손에는 무엇이 있을까요? 바로 '지팡이'입니다. 지팡이는 당시 목동이라는 직업이 있다면, 언제 어디서나 볼 수 있는 흔한 도구입니다. 하나님은 왜 모세에게 이런 대답을 하셨을까요?

결론적으로 이야기하면, 이것이 진실로 진실로 이 모든 것들을 해결할 수 있는 대안이라고, 하나님은 하나님 편에서 생각한 것입니다. 물론, 지금까지도 우리 인간의 편에서는 그것이 논리적인 방법이거나 과학적인 방법인지 모릅니다. 인간적인 상식의 모판에서는 하나님의 그 답변이 탁월한 대답인지 절대 파악할 수 없습니다. **그러나 하나님은 하나님의 세계관 안에서 그분이 보이는 만큼을 대답한 것입니다. 이것이 신학적 용어로 '신의 대답'**God's answer **입니다.**

이 신의 대답은 인간의 상식과 같은 지점을 바라볼 수도 있고, 전혀 다른 지점을 볼 수도 있습니다. 그리고 가끔, 아니 자주 인간이 처한 환경과 상황을 고스란히 무시하고, 일방적이고 직선적인 대답만 하는 것처럼 느껴집니다. 그래서 하나님이 인간에게 관심이 없는 것같이 느껴질 때도 있죠. 그대도 경험해보았을 것입니다. 그대가 당면한 거대한 문제들 앞에서 하나님이 이상한 대답만 주시는 것 같은 느낌적인 느낌을요. 또 그대가 마주한 얽히고설킨 그 덩어리의 문제들을 차근차근 풀어주시는 것이 아니라, 이상한 대답만 하시는 것 같은 상황적인 상황을요. 그래서 하나님이 그대의 문제에 아주 관심이 없는 분같이 느껴지지 않습니까?

고난을 당한 욥에게

구약의 욥도 동일하게 그러했습니다. 욥은 1장에서 37장에 이르기까지, 그가 갑자기 당한 고난과 아픔, 그리고 신앙이 대답해줄 수 없는 영역을 호소하고 있습니다. 욥의 친구들은 욥이 당한 고난의 문제를 '인과응보'라는 그 시대의 문법으로 설명해주려고 합니다. 번역한즉 "네게 죄가 있으니 네가 고난을 당하는 것이다"라는 문법이죠. 그러나 욥은 자신의 결백을 주장하며, 자신의 고난의 문제는 자신의 죄로 인함이 아님을 말합니다. 그리고 그는 하나님이 나타나주실 것을 요청하죠. 그리고 바야흐로 욥기 38장에 하나님이 욥의 그 색채 깊은 질문에 대답하십니다.

그 시작을 한번 보겠습니다.

그 때에 여호와께서 폭풍우 가운데에서
욥에게 말씀하여 이르시되
무지한 말로 생각을 어둡게 하는 자가 누구냐
너는 대장부처럼 허리를 묶고
내가 네게 묻는 것을 대답할지니라

욥기 38장 1-3절

하나님은 욥기 38장에 '비로소' 등장하십니다. 하나님은 무대 위에 꽤 멋지게 등판하십니다. 그 긴장감은 마치 9회 말 2아웃을 직면한 4번 타자 같습니다. 하나님은 단숨에 욥의 그 모든 상황을 역전시킬 것 같은 기세로 나타나셨습니다. 성경 본문은 그것을 '폭풍 가운데'에서 말씀하셨다고 말해주고 있습니다. 어쩌면 욥은 자신이 그토록 요청했던 하나님을 만나 아득하게 긴장했을지도 모릅니다. 또 하릴없이 기대했을 수도 있겠습니다. 자신의 그 수많은 의문과 고난과 아픔에 관해서 정확한 해답을 줄 수 있는 하나님을 직면하게 되었으니까요. 그러나 하나님은 욥의 고난의 문제에 답을 하는 것이 아니라, 아주아주 이상한 이야기를 합니다.

내가 땅의 기초를 놓을 때에

네가 어디 있었느냐 네가 깨달아 알았거든 말할지니라

욥기 38장 4절

하나님은 갑자기 땅의 기초를 놓을 때를 이야기하십니다. 아주 생뚱맞습니다. 하나님이 잘못된 대답을 하는 것 같습니다. 그러더니 욥기 38장 5절부터 42장 1절까지, 욥이 도저히 알아들을 수 없는 대답을 하십니다. 조금만 살펴보도록 하죠.

누가 그것의 도량법을 정하였는지, 누가 그 줄을

그것의 위에 띄웠는지 네가 아느냐

그것의 주추는 무엇 위에 세웠으며

그 모퉁잇돌을 누가 놓았느냐

그 때에 새벽 별들이 기뻐 노래하며

하나님의 아들들이 다 기뻐 소리를 질렀느니라

바다가 그 모태에서 터져 나올 때에

문으로 그것을 가둔 자가 누구냐

(중략)

누가 사람 없는 땅에, 사람 없는 광야에 비를 내리며

황무하고 황폐한 토지를 흡족하게 하여

연한 풀이 돋아나게 하였느냐

비에게 아비가 있느냐 이슬방울은 누가 낳았느냐

얼음은 누구의 태에서 났느냐

공중의 서리는 누가 낳았느냐

물은 돌 같이 굳어지고 깊은 바다의 수면은 얼어붙느니라

네가 묘성을 매어 묶을 수 있으며

삼성의 띠를 풀 수 있겠느냐

너는 별자리들을 각각 제 때에 이끌어 낼 수 있으며

북두성을 다른 별들에게로 이끌어 갈 수 있겠느냐

네가 하늘의 궤도를 아느냐

하늘로 하여금 그 법칙을 땅에 베풀게 하겠느냐

네가 목소리를 구름에까지 높여

넘치는 물이 네게 덮이게 하겠느냐

네가 번개를 보내어 가게 하되

번개가 네게 우리가 여기 있나이다 하게 하겠느냐

가슴 속의 지혜는 누가 준 것이냐

수탉에게 슬기를 준 자가 누구냐

누가 지혜로 구름의 수를 세겠느냐

누가 하늘의 물주머니를 기울이겠느냐

티끌이 덩어리를 이루며 흙덩이가 서로 붙게 하겠느냐

네가 사자를 위하여 먹이를 사냥하겠느냐

무명

젊은 사자의 식욕을 채우겠느냐

그것들이 굴에 엎드리며 숲에 앉아 숨어 기다리느니라

까마귀 새끼가 하나님을 향하여 부르짖으며

먹을 것이 없어서 허우적거릴 때에

그것을 위하여 먹이를 마련하는 이가 누구냐

욥기 38장 5-41절

하나님은 욥의 고난의 상황과 전혀 상관이 없는 하나님의 대답을 하십니다. 하나님이 이러시는 이유가 무엇일까요? 그것은 앞서 말씀드렸듯이 하나님은 하나님의 세계관 안에서 그분이 보이는 만큼을 대답하기 때문입니다. 우리 인간의 상식에서 하나님의 상식을 이해할 수 있다고 생각해서는 안 됩니다. 하나님이 아무리 차근차근 하늘의 이치를 설명해줘도 땅에 있는 우리는, 그것을 우리의 상식으로 소화할 수 없습니다. 마치 그대가 하늘의 성경을 아무리 봐도, 땅의 논리로는 받아들일 수 없는 것과 동일한 것입니다.

하나님은 언제나 하나님의 대답을 하십니다. 그것은 하나님이 인간의 상황을 무시한 것이 아닙니다. 인간의 상황을 해결할 수 있는 대안은, 오히려 하나님의 말씀 자체에 있기 때문입니다. 하나님은 당신의 말씀 자체에 대한

우주적인 자신감이 있으신 분입니다.

　인간의 상식, 인간의 능력은, 인간이 마주한 것들을 이겨낼 수가 없습니다. 인간이 추구하는 탁월함, 인간이 만들고 싶어 하는 그 어떤 재능과 능력들도 마찬가지입니다. 그것이 모든 것을 압도할 수 있는 대답이 될 수는 없습니다. 그래서 욥기의 결론인 욥기 42장을 보면, 참 재미있습니다.

여호와께서 욥의 말년에

욥에게 처음보다 더 복을 주시니

그가 양 만 사천과 낙타 육천과

소 천 겨리와 암나귀 천을 두었고

또 아들 일곱과 딸 셋을 두었으며

그가 첫째 딸은 여미마라 이름하였고

둘째 딸은 긋시아라 이름하였고

셋째 딸은 게렌합북이라 이름하였으니

모든 땅에서 욥의 딸들처럼 아리따운 여자가 없었더라

그들의 아버지가 그들에게

그들의 오라비들처럼 기업을 주었더라

그 후에 욥이 백사십 년을 살며

아들과 손자 사 대를 보았고

욥이 늙어 나이가 차서 죽었더라

욥기 42장 12-17절

욥이 더 축복을 받았다는 결론입니다. 성경은 그것을 인간의 상식과 인간의 탁월함과 인간의 준비된 어떤 것들로 이루어진 결과라고 말하지 않습니다.

다시 모세의 이야기로 돌아옵시다. 모세가 가진 그 진지하고 어려운 문제는, 하나님 편에서는 지팡이 하나면 해결될 문제였습니다. 그대는 이것을 '믿음' 혹은 '기적' 혹은 '신비 현상' 등등으로 말할 수 있습니다. 물론 적절한 표현일 수 있지만 무명에 처해 있는 모세에게, 아무도 공감할 수 없는 고난의 문제에 처해 있는 욥에게, 우주적 자신감을 가진 하나님께서 자신의 탁월한 세계를 보여주는 첫 문장이라고 생각해봅시다. 하나님의 기준과 인간의 기준은, 완전히 다른 것입니다.

인간이 인간의 기준에서 가지는 탁월함은 '누구보다'입니다. 그 어떤 누구보다 빠르고 강하고 똑똑하고 준비되어야, '그 어떤 누구의' 등판이든 얼굴이든 감정이든 영혼이든 밟고 일어서야 탁월하게 인정받을 수 있는 것입니다. 세상은 이것을 대안이라고, 대답이라고, 젊음을 잘 사는 것이라고 말합니다.

그러나 인생을 창조하신 하나님은, 단 한 번도 '이런 방법'이 '인생을 사는 방식'이라고 말씀하시지 않습니다. 인간이 추구해야 하는 탁월함이, 이런 방법과 종류라면 하나님은 반드시 이런 부분만을 반복적으로 말씀하셨을 것입니다. 인간이 쉽게 알아들을 수 있을 만큼요. 그러나 하나님은 이런 부분에서 침묵하실 뿐입니다. 그러니 정확하게 합시다. 만약 그대가 '탁월함'이라는 이름 아래 지금 준비하고 있는 수많은 노력과 속력과 지구력과 지력들이 이런 방법과 종류라면, 그대 역시 하나님이 원하시는 탁월함과는 거리가 먼 것입니다.

왠지 모르게 그대는 지금 혼란스러울 것 같습니다. 〈무명〉의 시간 속에서 내가 어떤 것을 열심히 준비해야 하는지, 말아야 하는지 말입니다. 〈무명〉의 시간은 탁월함이 준비되는 시간이라고 하는데, 나는 어떤 영역을 준비해야 하는지 말입니다. 또 이것이 내가 취업하고 싶은 회사의 문제, 내가 이루고자 하는 자아 실현의 문제, 내가 얻어내고 싶은 부의 문제와 무슨 상관이 있는지 말입니다. 도대체 무명의 시절에 이루어야 할 탁월함이란 무엇일까요?

하나님의 탁월한 대답

그대는 방금 '신의 대답'God's answer의 성격에 대해서 살펴보았습니다. 이런 신학적 용어가 조금 거칠고 어색할 수도 있습니다. 그러나 기독교 신앙을 가지고 있는 그대는, 이 '신의 대답'에 대해서 한 번쯤은 정말 깊게 연구해야 합니다. 그 이유는 하나님의 대답은 항상 하나님의 방식이기 때문입니다.

구약에서 가장 많이 쓰이는 표현이 무엇일까요? 신약보다 구약이 월등하게 분량이 많은데, 그 방대한 구약 중에서 가장 많이 쓰는 표현은 어떤 것일까요? 그것은 "하나님이 말하다(말씀하다)"입니다. 히브리어로는 "야훼 다바르(יהוה דבר)"라고 합니다. 우리가 보는 성경은 '다바르'(דָּבַר)를 "말하다" 정도로 번역하지만, 히브리어는 더 많은 의미를 내포하고 있습니다. 그것은 "선언하다", "대화하다", "명령하다", "약속하다", "경고하다", "위협하다", "노래하다" 등등 여러 가지로 번역할 수 있습니다. 그렇기에 히브리어 〈다바르〉는 단순히 "말하다"의 표면적 의미를 넘어서, 그것을 사용하시는 하나님이 어떤 분인지를 표현하는 최대한의 수단입니다. 하나님은 언제나 어떤 사역, 어떤 관계, 어떤 기적, 어떤 계약을 맺을 때 자신과 그 대상 사이에 반드시 〈다바르〉를 사이에 두고 역사하십니다. 그렇기에 하나님이 사용하시는 언어로서 〈다바르〉는 하나님이 어떻게 존재하는지를 명확하게 보여줍니다.

그대가 흔하게 이야기하는 "말씀으로 천지를 창조하셨다"라는 의미도 깊게 생각해볼 수 있습니다. 전능한 신이기에 "말하는 대로 천지가 창조되었다"라고 생각할 수도 있지만, 하나님은 자신의 모든 존재성을 말씀(다바르) 안에서, 말씀(다바르)을 사용함으로써만 보이셨다고 생각할 수 있습니다. 그렇기에 하나님이 사용하시는 말씀 〈다바르〉는 모든 것들의 기준이자 모든 기적의 처음인 것입니다.

잠시 정리해보도록 합시다. 그대와 저는 〈무명〉의 시간을 이야기했습니다. 무명의 시절에는 〈탁월함〉과 〈겸손함〉이 준비된다고 했습니다. 이 땅에서 말하는 탁월함의 기준은 '누구보다' 앞서는 것을 목표로 준비된다고 했습니다. 그러나 하나님의 시간인 〈무명〉에서 준비되는 탁월함의 기준은 '하나님과의 관계'라고 이야기했습니다. 그리고 그것이 탁월함을 이룰 수 있는 직접적인 이유를 '하나님의 대답'God's answer으로 살펴보았습니다. 이것이 "야훼 다바르(יהוה דבר)"입니다.

그러니 이제 진지하게 그대에게 묻고 싶습니다. 이쯤에서 그대가 한번 멈추어서 자신을 읽어보길 권합니다. 그

무명

대가 무명의 시절에 준비하는 그 모든 것들에 관해서요. 그대가 매일 아침 반복해서 준비하고, 매번 치열하게 훈련하고 있는 것들이 결국 그대 자신을 위한 것들 아닌가요? 그대가 참고 견디는 모든 것들이 결국 타인보다 위대해지기 위한 것들 아닌가요? 그러면서 마음 한편에 '무명'의 시절에 잘 안 되는 이유에 대해서 시리고도 비겁한 대답을 준비하는 것은 아닌가요? 구석진 자리에서 애써 나를 다독이며, 누군가 미워할 대상을 만들고 있는 것은 아닌가요? 다 그 사람 탓이라고요. 그대가 그리스도인임에도 불구하고, 결국 이 모든 원인은 자신에게 운(?)이 없어서라고 자신을 위로하고 있는 것은 아닙니까?

"난 아직 때를 못 만나서 그래"

"누가 뒤에서 밀어줄 사람이 없어서 그래"

"난 좋은 부모를 못 만나서 그래"
"난 그 시기를 놓쳐서 그래"

아주 못생기고 못나고 못되고 멋이라고는 하나도 없는 고백입니다. 그대가 무명인 이유에 대해 진단하는 논리, 합리, 과학적 함수들이 결국 이 정도라면, 그대는 진실로 진실로 형편없는 사람입니다(그대가 스스로에 대해 이런 고백을 할 때마다 정말 못생기고 못나고 못되고 멋이라고는 하나도 없다는 것을, 꼭 기억했으면 좋겠습니다). 물론, 인간의 일생은 이런 궤도 안에 있는 법입니다. 그리고 이런 궤도를 물리적인 힘으로 벗어나고자 무명의 시간에 탁월함을 만들어내는 것이죠. 그대는 이런 무중력을 벗어날 답을 알고 있다고 스스로 생각할 수도 있습니다. 그러나 그 답을 추구하며 탁월함을 추구해도 여전히 그 자리일 것입니다.

만약 그대가 〈무명의 시간〉을 보내고 있다면, 이제는 그대 자신의 감정과 현재 상태를 읽는 방법에 대해서 그만 정리하기를 추천합니다. 그대는 지금까지 그런 일관된 방식으로 나름의 탁월성을 준비해보았지만, 특별한 진보가 없었기 때문입니다. 대신 그대가 〈무명의 시간〉에 '하나님의 대답'의 탁월성에 눈을 떠보았으면 좋겠습니다. 그대가 〈무명의 시간〉이기에 분명 주의 음성이 더 잘 들릴 것입니다.

하나님의 대답이 갖는 에너지

하나님의 사람들은, 이 부분에 관한 무한 신뢰가 있었

기에, 그분이 사용하시는 말씀을(יהוה דבר) 따라가기에 주저하지 않았습니다. 하나님의 사람들은 그분이 사용하시는 말씀에 자신의 존재적 체중을 온전히 실었습니다. 비록 그 말씀이 더 깊은 광야, 더 높은 모리아산, 더 거친 가나안의 여정을 제시해도 주저하지 않았습니다. 그 이유는 '하나님의 대답' 그 자체가 지니는 엄청난 에너지를 깊이 신뢰했기 때문입니다. 그 에너지는 인간이 갖는 궤도 자체를 흔들어버릴 수 있을 만한 것들이었습니다. 그러니 눈앞에 보이는 상황, 시간, 여건, 조건, 심지어 먹을 것과 마실 것의 문제 앞에서도 주눅 들지 않았던 것입니다.

이사야는 그 에너지를 이렇게 표현했습니다.

광야와 메마른 땅이 기뻐하며
사막이 백합화같이 피어 즐거워하며
무성하게 피어 기쁜 노래로 즐거워하며
레바논의 영광과 갈멜과 사론의 아름다움을 얻을 것이라
그것들이 여호와의 영광
곧 우리 하나님의 아름다움을 보리로다
너희는 약한 손을 강하게 하며 떨리는 무릎을 굳게 하며
겁내는 자들에게 이르기를 굳세어라, 두려워하지 말라,
보라 너희 하나님이 오사 보복하시며 갚아 주실 것이라

하나님이 오사 너희를 구하시리라 하라

그 때에 맹인의 눈이 밝을 것이며

못 듣는 사람의 귀가 열릴 것이며

그 때에 저는 자는 사슴같이 뛸 것이며

말 못하는 자의 혀는 노래하리니

이는 광야에서 물이 솟겠고

사막에서 시내가 흐를 것임이라

뜨거운 사막이 변하여 못이 될 것이며

메마른 땅이 변하여 원천이 될 것이며

승냥이의 눕던 곳에 풀과 갈대와 부들이 날 것이며

이사야는 지금 혼자 공상의 나라에서 허우적대는 것이 아닙니다. 이사야는 정신병이 걸린 어떤 사람처럼 실언하며 혼자 상상의 세계에 갇혀 있는 것이 아닙니다. 그는 지금 하나님의 대답에 깊이 빠져 있는 것입니다. 그분의 대답, 이사야의 눈앞에 보이는 '사막', '광야', '메마른 땅'이라는 현실적인 표면에, 완전히 성질이 다른 '물이 솟고', '시내가 흐르고', '연못이 되고' 모든 것을 살아 있게 하는 생명의 근원이 되리라는 것입니다. 그래서 이 장소가 저기 멀리 있는 하나님나라가 아니라, 지금 여기 있는 하나님나라임을 보여주는 것입니다.

그대가 여기서 주목해야 할 것은, 이사야의 눈앞에 보이는 '사막', '광야', '메마른 땅'이 어떻게 변화되는지 하나님의 대답은 그 과정을 설명해주지 않았다는 것입니다. 하나님은 그분 편에서 보이는 만큼 그분의 대답을 하신 것입니다. 바로 이것이 하나님의 대답이 탁월하다는 의미입니다.

동일하게 그대가 〈무명〉의 시절에 눈을 떠야 하는 탁월함도 여기에 있습니다. 그대를 향한 하나님의 대답이 어떤 에너지와 힘이 있는지를 깨달아야 합니다. 그대는 하나님 앞에 구체적인 과정과 정확한 논리를 원하지만, 하나님은 그대가 주머니에 넣을 수 있는 대답을 주지 않습니다. 그 이유는 하나님이 그대의 과정을 무시해서가 아니라, 그대가 하나님의 과정을 이해할 수 없는 것입니다. 그래서 이 두 세계 가운데 연결고리가 필요한데, 그것이 바로 믿음입니다. 그러나 그대의 욕망을 투영한 세계를 건설하는 믿음이 아니라, 하나님의 대답이 가장 선하고, 좋으며, 그대로 될 것이라고 '아멘' 하는 믿음입니다. 그것을 믿음으로 사는 것, 그것이 의인의 믿음이지요. 그대는 잊지 마십시오. 그대가 믿은 곳까지, 그대가 자라나는 것입니다.

말씀에 의지하여

베드로를 생각해봅시다. 성경을 보면, 베드로가 예수님을 만나고 경험한 첫 기적은 그물이 찢어질 정도로 물고기를 잡은 것입니다. 이 사건은 신의 대답이 어떤 탁월함을 만들어내는지 보여줍니다. 누가복음 5장은 당시의 상황을 구체적으로 말해주고 있습니다.

예수께서 한 배에 오르시니 그 배는 시몬의 배라

육지에서 조금 떼기를 청하시고 앉으사

배에서 무리를 가르치시더니

말씀을 마치시고 시몬에게 이르시되

깊은 데로 가서 그물을 내려 고기를 잡으라

시몬이 대답하여 이르되 선생님 우리들이

밤이 새도록 수고하였으되 잡은 것이 없지마는

말씀에 의지하여 내가 그물을 내리리이다 하고

그렇게 하니 **고기를 잡은 것이 심히 많아**

그물이 찢어지는지라

누가복음 5장 3-6절

누가복음 5장을 보면, 예수가 의도성을 가지고 행동했음을 알 수 있습니다. 바로 베드로의 배를 선택하시고

무명

그의 배에서 무리에게 설교하신 것입니다. 여기서 중요한 것은 베드로가 그 배의 주인임으로 예수의 설교를 가장 가까이서 들었다는 것입니다. 예수님은 설교 후에 이렇게 말씀하십니다.

> 말씀을 마치시고 시몬에게 이르시되
> 깊은 데로 가서 그물을 내려 고기를 잡으라
>
> **누가복음 5장 4절**

베드로가 이 설교를 듣고 있는 장소의 배경은 게네사렛 호수(갈릴리 바다)입니다. 그곳의 실제 크기는 폭이 13킬로미터, 길이가 23킬로미터입니다. 예수님은 그 장소에서 '깊은 곳'에 그물을 던지라고 말합니다. 여기서 말한 깊은 곳은 어디일까요? '깊은 곳'은 헬라어로 '바도스'(βάθος)라고 표현했기 때문에 문자 그대로 '깊은 곳'으로 해석할 수 있지만, '가운데'라는 뜻도 가지고 있습니다. 그리고 당시 상황을 연구해보면 '가운데'라는 뜻이 더 정확할 것입니다. 그렇다면 예수님이 베드로에게 "깊은 데로 가서 그물을 내리라"라고 하신 말씀은 게네사렛 호수(갈릴리 바다)의 '가운데로' 가서 그물을 던지라는 것입니다.

그대가 생각할 때는, '뭐 그냥 가면 되는 것 아닌가?'

라고 편하게 생각할 수 있습니다. 그러나 당시 이스라엘의 배는 그다지 발달하지 않았고 그 가운데 지점까지 갔다가 바람이라도 잘못 만나면, 곤란한 상황이 될 수도 있습니다. 무엇보다 그 위험을 무릅쓰고 게네사렛 호수 가운데 지점에 도달해도, 물고기가 잡힌다는 보장도 전혀 없습니다. 즉, 베드로 입장에서도 상당한 도전인 것입니다.

물론, 그대는 이 이야기를 자주 들어서 어떤 감흥도 없을 것입니다. 그러나 긴장해서 생각해봅시다. 그대라면 저 '깊은 곳'으로 항해해 가겠습니까? 그대가 어부라면, 목수(예수)의 말을 들을 수 있을까요? 그대는 감정 없는 얼굴로 '당연하죠'라고 대답할 수 있습니다. 그러나 제가 확신하건대 주일예배 때마다 설교로 선포되는 말씀도 하나님의 말씀으로 새겨듣지 못하는 사람이라면, 2천 년 전으로 시간여행을 가도, 주님의 음성을 듣지 못할 것입니다.

어부 베드로가 목수(예수)의 말을 듣고 가는 것이 아닙니다. 그는 자신의 배에서 하나님의 말씀을 설교했던, 그 말씀의 대답을 의지해서 가는 것입니다. 그래서 성경도 이렇게 말합니다.

시몬이 대답하여 이르되
선생님 우리들이 밤이 새도록 수고하였으되

잡은 것이 없지마는 말씀에 의지하여

내가 그물을 내리리이다 하고

그렇게 하니 고기를 잡은 것이

심히 많아 그물이 찢어지는지라

누가복음 5장 5,6절

　그리고 성경에 있는 문자 그대로 그물이 찢어지는 역사를 보게 되죠. 참고로 물고기로 인해 그물이 찢어지는 것은, 정말 쉽지 않은 현상입니다. 어부로서 베드로가 가진 경험치와 노련미, 그가 가진 탁월함의 문법으로는 단 한 번도 경험해볼 수 없던 현상이었을 것입니다.

하나님의 대답을 따라가는 순종

　제가 그대에게 몇 번이고 반복해서 친절하게 설명하고 싶은 하나님의 탁월함이 바로 여기에 있습니다. 그대가 노력해서 얻는 것보다 그분의 말씀에 순종해서 열리는 탁월함의 영역이 분명히 있다는 것입니다. 신의 대답 안에는 그것을 가능하게 하는 충만한 에너지가 여전히 있습니다. 물론, 이 땅의 논리로서는 설명이 안 됩니다. 그러니 이 땅의 논리가 모든 것의 완전한 기준이 되어서는 안 됩니다.

그것이 그리스도인이기에 그대에게 주어진 '인생을 다르게 이해하는 방식'입니다. 사실 이것이 가장 중요한데, 이것에 대한 충분한 이해력이 그대에게 없습니다. 그리스도인으로서 슬픈 이유는 세상이 어려워서가 아닙니다. 그대가 하나님을 어려워하는 것이고, 그대가 그리스도인으로서 신앙을 어려워하는 것입니다.

신앙생활이 한없이 괴롭고 허무한 이유는 언제나 거기에 있습니다. 이 움푹 파인 공허한 공간감에 있습니다. 신앙 안에서 꿈을 좇고, 믿음 안에서 훈련을 받지만, 현실의 거울에 비친 나를 보며 시린 눈물을 흘리는 이유가 여기에 있습니다. 사실, 그대가 하나님의 탁월함을 잘 믿지 않는다는 것입니다. 그대가 그대의 인생을 이해하는 방식을 바꾸지 않는 것입니다.

많은 사람은 하나님의 대답을 가볍게 여깁니다. 이 영역을 무시하거나 건너뛰기도 합니다. 하나님의 대답보다는 개인의 감정이, 개인의 의지가 더 중요하니까요. 그래서 하나님의 말씀을 그대의 마음에 위안과 평안을 주는 '힐링' 정도의 기능으로 생각합니다. 언제나 어디서나 들을 수 있는 싸구려 위로들 말입니다. 언제나 어디서나 비빌 수 있는 가벼운 공감들 말입니다.

그대는 하나님의 대답이 현실의 모판을 뿌리째 뽑아

버리거나 뒤흔들어버릴 수 있다는, 기독교 신앙의 가장 초보적인 영역조차 깊게 고려하지 않습니다. 그러니까 그대는 하나님의 뜻대로 노력하지도 훈련하지도 꿈을 꾸지도 않는 것입니다. **단지 〈무명〉의 시간을 한없이 증오하고, 〈무명〉의 시간을 주신 하나님을 날카롭게 미워하는 것입니다. 언제나 어디서나 있었던 원망의 덩어리들로 말입니다. 사실, 하나님을 가장 믿지 않는 사람은 그대인지도 모르겠습니다.**

그대는 오늘도 무엇을 준비합니까? 학업인가요? 직장인가요? 연예인을 준비합니까? 가수를 준비합니까? 혹은 결혼을 준비합니까? 노후를 준비하나요? 그대의 진지한 노력들에 저는 어설픈 '긍정의 힘'으로 응원을 하고 싶지 않습니다. 다만, 하나님의 대답을 따라가는 순종에는, 정확한 탁월함이 있다고 말하고 싶습니다. 그러니, 그대는 마음을 다하고 뜻을 다하고 힘을 다해서 하나님의 말씀을 보아야 합니다. 아니 씹어먹어야 합니다. 〈무명〉의 시간에 있다면 온 마음을 쏟으며 기도해야 합니다. 그대가 하나님께 마음을 드려서 기도하는 감각이 살아 있지 않다면, 하나님도 그대에게 마음을 줄 수 없습니다. 그대가 하나님의 대답을 귀하게 여기지 않아 설교도 성경도 듣거나 보지 않는다면, 하나님도 그대에게 알려줄 신적 탁월함이 없습니다.

무명 수업 2 : 겸손함

두 번째는 겸손함입니다. 하나님은 무명이라는 수업을 통해 반드시 사람을 겸손하게 만드십니다. 사실, 모든 순간에 인간만큼 쉽게 오만에 빠지는 존재도 없습니다. 인간만큼 허위라는 강에 흠뻑 빠져 둥둥 떠다니는 존재도 없습니다. 모래알 같은 작은 성취에도 스스로 히말라야를 등반한 것같이 여기기도 하고, 모래집을 짓는 것 같은 부스러기 같은 성실함에도 스스로 만리장성을 쌓은 것같이 생각하기 때문입니다. 교만은 그렇게 탄생합니다. 허위와 거짓도 그렇게 잉태합니다. 모두 자기 자신을 잘못된 방법으로 사랑하는 마음이 만들어낸 것입니다.

그래서 인간사를 가만히 살펴보면, 아마 돌부리에 걸려 넘어지는 인간보다 오만과 교만에 넘어지는 인간이 몇백 배는 많을 것입니다. 도박에 망하는 사람보다 허영과 허세에 망하는 사람들이 더 많을 것입니다. 굳이 성경의 역사를 보지 않더라도, 그대가 사는 세상에는 이렇게 망가지고 부서지는 사람의 경우가 빈번합니다. 그런 사람들의 휘어져 가는 소식은 매일 업데이트되어, 그대가 쉽게 접하는 SNS에 두둥실 떠다닙니다. 이제는 특별한 것도 아닙니다. 사람은 참 재미있죠?

그런데 성경을 조금 깊게 보면, 이렇게 종이보다 얇고

가벼운 인간의 모습과 전혀 다른 사람들이 종종 등장합니다. 무섭도록 겸손하고 무서울 만큼 정직하고 무서워서 울 만큼 겸손한 사람들입니다. 단 한 조각의 시선도 인간의 평가에 얽매이지 않고, 오직 하나님의 평가에만 괴로워하는 몸부림을 가진 사람들이 있습니다. 분명 그런 하나님의 사람들이 존재합니다. 그들은 도대체 인생을 어떻게 이해하기에, 이런 것이 가능한 것일까요?

엘리사의 겸손과 온유

그대에게 엘리사를 소개해주고 싶습니다.

하나님의 사람 엘리사의 사환 게하시가 스스로 이르되
내 주인이 이 아람 사람 나아만에게 면하여 주고
그가 가지고 온 것을 그의 손에서 받지 아니하였도다
여호와께서 살아 계심을 두고 맹세하노니
내가 그를 쫓아가서 무엇이든지 그에게서 받으리라 하고
나아만의 뒤를 쫓아가니 나아만이 자기 뒤에 달려옴을
보고 수레에서 내려 맞이하여 이르되 평안이냐 하니
그가 이르되 평안하나이다 우리 주인께서 나를 보내시며
말씀하시기를 지금 선지자의 제자 중에 두 청년이

에브라임 산지에서부터 내게로 왔으니 청하건대

당신은 그들에게 은 한 달란트와

옷 두 벌을 주라 하시더이다

나아만이 이르되 바라건대 두 달란트를 받으라 하고

그를 강권하여 은 두 달란트를 두 전대에 넣어 매고

옷 두 벌을 아울러 두 사환에게 지우매

그들이 게하시 앞에서 지고 가니라

언덕에 이르러서는 게하시가 그 물건을

두 사환의 손에서 받아 집에 감추고

그들을 보내 가게 한 후

들어가 그의 주인 앞에 서니 엘리사가 이르되 게하시야

네가 어디서 오느냐 하니 대답하되

당신의 종이 아무데도 가지 아니하였나이다 하니라

열왕기하 5장 20-25절

이것은 그대가 잘 알고 있는 엘리사의 이야기의 일부입니다. 엘리사는 문둥병으로 온몸이 썩어버린 나아만 장군을 비대면으로 고쳐줍니다. 나아만 장군은 그 기적을 몸소 경험하고 엘리사에게 응당 선물을 주려고 합니다. 그러나 엘리사는 그 모든 것을 일언지하一言之下에 거절하고 나아만 장군이 돌아가는 것도 보지 않습니다. 그런데 그때,

엘리사의 제자인 게하시가 돌아가는 나아만에게 찾아가 스승이 거절한 선물을 받고 자신의 집에 감춥니다. 게하시 는 이 모든 일을 감쪽같이 행합니다. 그리고 다시 엘리사 의 곁으로 돌아옵니다. 그러나 엘리사가 게하시에게 이런 말을 합니다.

> 엘리사가 이르되 한 사람이 수레에서 내려
> 너를 맞이할 때에 내 마음이 함께 가지 아니하였느냐
> 지금이 어찌 은을 받으며 옷을 받으며
> 감람원이나 포도원이나
> 양이나 소나 남종이나 여종을 받을 때이냐
>
> 열왕기하 5장 26절

그대는 이 장면을 보면서 어떤 생각이 드시나요? 엘 리사가 성령이 충만하다고요? 엘리사가 귀신같다고요? 엘리사가 욕심이 없는 것 같다고요? 물론 그렇게 볼 수도 있지만, 저는 이 부분을 보면서 〈겸손〉을 느낍니다. 그대가 알고 있는 겸손이라는 정서는 남을 존중하고 자기를 내세 우지 않는 것으로 생각할 것입니다. 물론 틀린 설명은 아 닙니다.

그러나 히브리어에서 말하는 겸손은 '아나우'(עָנָו)입

니다. 이 단어는 '온유함'이라는 뜻과도 함께 쓰입니다. 이 '아나우'는 타고난 인간의 성품을 말하는 겸손이나 온유가 아니라, 어떤 고난에 의해 완성된 인격체, 어떤 훈련과 수업을 통해서 다듬어지고 만들어진 인격체에게 부여되는 성품입니다. 히브리적인 온유함과 겸손은 그런 것입니다. 그래서 '아나우'의 용례를 야생마가 경주마로 훈련받는 과정에서 훈육의 방법으로 다루는 채찍질로 많이 쓰입니다. 길들여지지 않은 야생마가 경주마로 거듭나기 위해서는 그 기질이 다듬어지는 과정이 필요합니다. 그렇기에 '아나우'는 흔들리지 않는 인간의 성품으로서의 겸손함과 온유함을 말합니다. 즉, 자신의 본분을 잊지 않는 것이죠.

그대는 엘리사를 보면 또 이런 생각을 할 것입니다. '능력의 종', '불의 종', '성령의 종' 등등의 표현들입니다. 그러나 이것은 정말이지, 그대가 엘리사가 어떤 사람인지 모르고 하는 표현들입니다. 엘리사가 정말 무서운 하나님의 사람인 이유는 그의 성품에 있습니다. 엘리사의 그 성품이 바로 수많은 고난과 훈련을 통과해서 만들어진 겸손함, 즉 '아나우'입니다. 흔들리지 않는 겸손함, 모든 순간을 압도하는 온유함입니다. 그렇기에 적국의 수장인 나아만 장군 앞에서도, 감히 품위를 잃어버리지 않은 것입니다.

이뿐만이 아니라, 엘리사의 모든 기적과 이적의 정점

에는 그것을 압도하는 그의 성품이 있습니다. 엘리사가 이런 성품을 갖게 된 것에는 아주 자연스러운 이유가 있습니다. 그것은 그가 엘리야의 수종 드는 제자였다는 점입니다. 그 역시 오랜 시간 동안 엘리야의 제자로서 〈무명〉의 훈련을 받았습니다. 〈무명〉의 시간 동안 그는 자신의 마음과 성품이 다듬어지는 과정을 거친 것입니다. 그렇기에 엘리사는 오랜 시간 동안 자신의 정체성, 자신의 삶의 이유, 자신의 품위를 지키는 방법을 알았습니다.

정체성을 망각하면 겸손할 수 없다

겸손하지 못한 사람들이 갖는 특징은 대부분 자기가 누구인지를 망각하는 것입니다. 그 망각의 방향은 두 가지입니다. 첫 번째는 자신의 과거를 잃어버리는 것이고, 두 번째는 자신의 본분을 잃어버리는 것입니다. 그렇게 자신이 누구인지를 잃어버리고 자신이 무엇인지를 잃어버립니다. 정체성을 망각한 사람은 결코 겸손할 수 없습니다. 바꾸어 말하면, 자신의 정체성을 망각한 사람은 교만할 수밖에 없는 것입니다.

하나님은 이런 인간의 성향을 깊이 이해하셨습니다. 그래서 개인적으로 어떤 인물을 부르실 때도, 공동체인 이스라엘을 부르실 때도, 그 대상의 과거와 본분을 기억하게 하는 표현을 자주 사용하십니다. "너 지렁이 같은 야곱아", "하나님을 버린 이스라엘아", "시온의 딸 이스라엘아", "슬프다 아리엘이여" 등등입니다. 이스라엘의 최고 권력자인 왕인 다윗이 방황할 때도 이렇게 말씀하십니다.

> 그러므로 이제 내 종 다윗에게 이와 같이 말하라
> 만군의 여호와께서 이와 같이 말씀하시기를
> 내가 너를 목장 곧 양을 따르는 데에서 데려다가
> 내 백성 이스라엘의 주권자로 삼고
>
> 사무엘하 7장 8절

하나님은 이스라엘의 최고 권력자인 다윗에게, 그의 과거와 본분을 기억하게 하기 위해서, 그가 목동이었음을 정확하게 일깨워주십니다. 하나님은 이스라엘의 왕 바아사를 책망할 때도 이렇게 말씀하십니다.

> 내가 너를 티끌에서 들어 내 백성 이스라엘 위에
> 주권자가 되게 하였거늘
> 네가 여로보암의 길로 행하며
> 내 백성 이스라엘에게 범죄하게 하여

그들의 죄로 나를 노엽게 하였은즉

열왕기상 16장 2절

하나님의 수업인 〈무명〉에는 인간을 겸손하게 만드는 본질적인 기능이 있습니다. 자신의 과거와 본분을 기억하게 하는 사건을 주어 끝없이 기억하게 하기 위함입니다. 이 세상의 교훈은 이런 각인을 주는 대상에게 '꼰대'라고 부를 것 같습니다. 그러나 하나님 편에서 이런 각인은 너무나 중요합니다. 그래서 구약을 보면 유독 자주 등장하는 구절이 있습니다. '아브라함과 언약하신 하나님', '홍해를 가르신 하나님', '바로의 손에서 이스라엘을 인도하여 내신 하나님' 등등입니다. 조금 조심스러운 표현이지만, 이스라엘 백성들에게 '옛적 하나님'을 기억하라고 '현재의 하나님'이 자주 강조하십니다.

왜 그럴까요? 하나님이 꼰대라서 그럴까요? 아니면, 지금은 하나님이 능력이 없어서, 과거에 하나님이 전성기일 때를 노래하게 하는 것일까요? 결코 그렇지 않습니다. 그것은 그 메시지를 듣는 이스라엘이 자신의 모습을 기억하지 못하기 때문입니다. 과거의 이스라엘은 하나님과의 격차, 차이, 크기를 절대적으로 인정했습니다. 그러나 교만한 이스라엘은 하나님과의 격차, 차이, 크기를 가볍게 생각합니다. 그래서 하나님의 뜻을 전하는 선지자들을 가장 날것의 냄새가 나는 정치적 요구와 욕망의 당위에 사용했던 것입니다.

그대가 갇혀 있는 무명의 시간

기독교의 절대적 가치는 예수의 십자가와 부활입니다. 그대가 예민하게 인식할 수도 있고 하지 못 할 수도 있지만, 그대가 매주일 예배를 드린다는 것은, 예수의 십자가와 부활을 기념하는 행위입니다. 즉, 과거의 사건을 현재로 반복해서 기억하는 것이죠. 그대가 절기마다 하는 성만찬의 기능 역시 동일합니다. 예수님의 고난과 희생 그리고 사랑을 기억하게 하는 행위입니다.

기독교가 꼰대라고요? 과거를 기억하게 하니 기독교는 최악이라고요? 아닙니다. 기독교의 예배가 이런 기능을 갖는 이유는, 그대의 과거를 파헤쳐서 고발하려는 것이 아니라, 본연의 그대가 어떤 사람인지를 망각하지 말라는 것입니다. 그리고 동일한 무게감으로 하나님이 그대에게 어떤 은혜를 주셨는지도 망각하지 말라는 것입니다. 왜냐하면 그대는 예수님의 희생과 사랑이 아니라면 결코 새롭게 될 수 없는, 뻔한 역사적 인간이기 때문입니다.

혹 그대가 〈무명〉의 시간에 갇혀 있다면, 아무도 그대를 알아주지 않는다면, 그래서 한없이 초라하다면, 그대는 그것을 거부해서는 안 됩니다. 과장할 필요도 없습니다. 그것이 그대의 현주소가 맞습니다. 그대가 간절해야 할 이유도 겸손해야 할 이유도 여기에 있습니다. 그러나 하나님은 그 시간과 그 시절을 사용해서, 그대를 부숴버리거나 왕따를 만들려는 것이 아닙니다. 그 시간과 그 시절을 사용해서, 그대를 새롭게 만들고 있는 것입니다. 그대의 못생긴 신앙과 그대의 못된 인품을 고치는 중입니다. 신앙이 있기에 그대에게 주어진 인생을 다르게 이해한다는 것을 다른 말로 하면 '하나님을 가장 크게 이해한다'라는 말입니다. 그 하나님 앞에 그대는 철저하게 겸손해야 합니다. 또 그분이 주는 시간들을 수용하는 온유함이 필요합니다. 어쩌면 길들여지지 않은 야생마가 경주마로 거듭나기 위한 훈육의 '아나우', 그 채찍질이 그대에게 필요한지도 모르겠습니다. 훗날 그대가 어떤 〈유명〉과 〈사명〉의 갈림길에서도 흔들리지 않는 성품과 본분을 만들기 위해서 말입니다. 세례 요한같이, 엘리사같이 말입니다.

그대가 갇혀 있는 〈무명〉의 시간은 분명, 거칠고 아득한 시간입니다. 아슬아슬한 희망의 외줄 타기 속에 지쳐 있기도 하겠지요. 그러나 하나님 편에서는 반드시 통과해야 하는 시간입니다. 그것도 그대가 직접 직립보행을 해서 직면해야 하는 시간입니다. **그 이유는 〈무명〉이라는 그 좁은 길에 그대가 찾아야 하는 〈소명적 삶의 본분〉이 있기 때문입니다.** 그것은 세상에서 말하는, 가능성을 기반으로 팽창을 설파하는 '꿈', 개인의 기질과 달란트를 극대화하는 '비전', 돈벌이를 인생의 최종 목표로 제시하는 '직업' 따위가 아닙니다.

〈무명〉을 직면하여 피어난 〈소명적 삶의 본분〉은 모든 시간과 관계, 의미들을 사용하신 하나님의 작품입니다. 마치 한 송이 국화꽃을 피우기 위해 봄부터 소쩍새가 그렇게 우는 사연같이 말입니다. 그리고 그렇게 만난 〈소명적 삶의 본분〉은 〈유명〉과 〈사명〉의 갈림길에서 흔들리지 않고 자신의 품위를 잃어버리지 않게 합니다. 흔하디 흔하게 있는 돈, 명예, 섹스의 유혹에서 말입니다. **그러니, 그대는 지금 〈무명〉의 시간에 갇혀 있는 것이 아닙니다. 〈소명적 삶의 본분〉을 만나고 있는 중입니다. 그것이 생명을 가지고 그대의 얼어버린 인생을 뚫고 나오는 중입니다. 마치, 한겨울 내내 얼어붙은 대지를 거꾸로 들어 올리며 자신의 머리를 올리는 봄꽃같이 말입니다. 곽효환 시인의 표현처럼, 얼어버린 세상에 가장 먼저 봄을 알리는 봄꽃이 그대였으면 좋겠습니다.**

무명

그래도 생기는 두려움

지금까지 저의 글을 따라왔다면, 그리고 그대가 어느정도 동의한다면, 그대가 마주하고 있는 〈무명〉의 시간은 그대에게 정말 필요한 시간이라는 인식이 되었을 것입니다. 〈무명〉이라는 갇혀 있는 시간보다, 그 안에 한없이 열려 있는 하나님의 탁월한 대답을 만나는 시간입니다. 그리고 그대의 인성과 성품이 소명적 본분을 만나는 시간입니다. 그러나 그래도 그대의 마음 한편에 우주 같은 두려움이 있다는 것을 알고 있습니다. 그것이 계속 팽창해서, 그대를 충만하게 감싸고 있다는 것도 알고 있습니다. 또 그대의 삶의 가능성이 짧아 보여서, 전진할 수도 후진할 수도 없는 막막함을 알고 있습니다. 괴롭지요. 어렵지요. 힘겹지요. 희망을 노래하기엔, 낡은 멜로디밖에 없으니까요.

최근에 가수 이적의 '준비'라는 노래를 듣다가, 이런 그대의 두려움과 저의 소심한 걱정들을 절절하게 공감하게 하는 것을 발견했습니다.

내 인생은 단지 무언가를 위한 준비인가

준비하고 준비하고

혹 다가올 언젠가를 위한 연습인가

연습하고 연습하다

저물어 가는 것은 설마 아니겠지

준비하고 준비하다

그렇게 끝나버리는 건 아니겠지

연습하고 연습하다

이적 6집 〈trace〉, 11번 곡 '준비'

이적씨는 확실하게 〈무명〉이라는 시간 속에서 펼쳐지는 공포와 절망을 경험해본 사람 같습니다. 가사처럼 '이렇게 준비만 하다가, 이렇게 연습만 하다가 인생이 끝나는 것은 아닌가?' 그리고 사실 이것은 그대의 마음이고 저의 마음이기도 합니다.

돌이켜보면 그대의 주변에는 이런 일들이 많이 있습니다. 무대는 하나인데, 무대에 서기 위해서 준비하는 사람은 백만 명이 넘습니다. 주인공은 하나인데, 주인공을 준비하는 사람들은 천만 명이 넘습니다. 그대에게도 하늘을 날 수 있는 날개가 있는데, 그대가 날아오르고자 하는 창공은 거꾸로 물구나무서듯 바닥에만 있는 것 같습니다. 하나님 안에서 〈무명〉의 시절을 보내고 있지만, 말씀의 탁월함에 자신을 단련하고 있지만, 겸손의 훈련에 자신을 집중하고 있지만, '이렇게 준비만 하다가, 이렇게 연습만 하다가 인생이 끝나는 것은 아닌가?' 하는 의문의 뭉치를 버릴 수가 없습니다. 왜냐하면 그런 사람들이 너무나 많으니까요. 그런 사람들과 내가 공통점이 많으니까요.

과연 내가 쓰임이나 받을 수 있을까요?
〈무명〉의 훈련은 언제 끝나는 걸까요?
이 끝에는 무엇이 기다리고 있을까요?
그래서 나는 무엇을 향해야 할까요?

어떤 경기든지 감독이나 선수가 휘슬을 불지는 않는다.

사명

4장

"가쓰로, 좋은 음악이다. 그러나 거기까지다.
넌 재능은 없다. 너 정도 음악은 누구나 하는 거야."

공허함

　〈무명〉의 마지막 담론에서 나누었듯이, 〈무명〉의 시
간에 가장 큰 어려움은 그 시간이 담고 있는 가능성에 대
한 희망의 덩어리가 아니라, 그 시간 끝에서도 열매 맺을
수 없는 비가능성에 대한 절망의 덩어리입니다. 그대가 충
분히 노력하고 연습하고 준비했는데, 무대에 한 번 서보지
도 못하는 경우가 분명 있었기 때문입니다. 물론, 하나님
안에서 준비했기에 '이번에는 다를 것이다'라는 기대감도
있지만, 기대감이 꺾이면 더 깊은 절망이 오는 법입니다.
그러니 그대는 더 괴롭고 힘들 것입니다. 그리고 그 감정
의 이름은 아마 〈공허함〉일 것입니다. 그 공허함은 그대가
〈무명〉의 시절에 열심을 내면 열심을 낼수록 더 깊이 찾아
올 것입니다. 이렇게 시간을 보내도 되는지, 이렇게 주님
을 따라도 되는지, 주변을 돌아보면 온통 그대 같은 사람
들뿐이고, 주위를 거꾸로 보면 그대보다 빠르고 강하고 화
려한 사람들이 많으니까요. 그러니 도대체 어떻게 해야 하
는 걸까요?

인생을 다르게 이해하기

그래서 저는 이 책의 시작부터 줄곧 강조하며 이런 이야기를 했습니다. '그대가 그리스도인으로서 가장 중요한 것은, 인생을 다르게 이해하는 이해력'이라고요. 그렇다면 인생을 다르게 이해해야 하는 영역은 어디일까요? 바로 〈기준〉입니다. 〈기준〉을 다르게 이해하고 받아들이는 신앙 문법이, 참된 믿음이요 진리의 가치입니다. 그 기준이란, 내가 이루고자 하는 것들에 대한 목표치가 아닙니다. 그 기준이란, 결과보다 중요한 나의 감정들이 아닙니다. 그 기준이란, 이미 정해진 '주님의 뜻'입니다. 그래서 참된 신앙의 정신은, 나를 크게 하는 관성이 아니라 나를 죽이고 그분을 높이는 관성에 있습니다.

예수가 없는 사람들의 지독한 삶의 목표는 언제나 '나'입니다. 좋은 정신을 표방하고 도덕적 가치관을 말하고 있어도 결국 '나'를 사랑하는 고도의 집중력은 흐트러지지 않습니다. 그들은 모두 자기 자신만을 위해서 살아갑니다. 물론, 신앙이 있는 그대도 그럴 수 있습니다. 그리고 신앙이 있는 그대의 주변인들도 그럴 수 있습니다. 그러나 제가 확실하게 말하건대, 만약 정말 그러하다면, 그대는 여전히 '인생을 다르게 이해할 수 있는' 그리스도인의 신앙을 시작조차 하지 않은 사람입니다. 아직도 이 영역에서 더 진흙탕 싸움을 해야 합니다.

예수는 1세기에 갑자기 혜성같이 등장합니다. 그리고 그대에게 인생을 어떻게 이해해야 하는지 보여줍니다. 아니, 인생이라는 메커니즘 속 기준이 얼마나 다른지 보여줍니다. 예수의 모든 말과 행동 속에서 그것을 볼 수 있지만, 예수가 '광장'을 대하는 태도에서 가장 선명하게 볼 수 있습니다. 예수는 수많은 사람이 환호하는 광장에서 자리를 틀고 머물지 않습니다. 이상할 만큼 광장의 환호를 버리고 고독한 골방으로 들어갑니다.

> 그러므로 예수께서 그들이 와서
> **자기를 억지로 붙들어 임금으로 삼으려는 줄 아시고**
> **다시 혼자 산으로 떠나 가시니라**
>
> 요한복음 6장 15절

이 책의 초반에서도 이야기했지만, 예수의 이런 태도를 하나님의 아들로서 이해하지 말고, 인간 예수로서 이해해봅시다. 인간으로서 광장의 환호는 꿀과 같이 달콤하고 독이 든 성배처럼 유혹적인 것입니다. 역사에 지천으로 적힌 흔적 중 하나가 바로, 광장을 얻기 위한 싸움입니다. 군인도 정치인도 종교인도 왕도 모두 그러했습니다. 그러나 예수는 광장의 환호를 외면하고 홀로 고독한 골방으로 걸어갑니다. 인간으로서 예수는 어떻게 그럴 수 있었을까요? 그것은 기준이 완전히 달랐기 때문입니다.

또 반대로 수많은 사람이 자신을 비난하고 조롱하더라도 전혀 두려워하지 않습니다. 똑똑한 지식인들이 사회적 당위와 현상적 모순이라는 어려운 문제를 가지고 와도 예수는 난처해하지 않습니다. 그럴 때일수록 예수는 더욱 초연하게 자신의 길을 걸어갑니다. 인간으로서 예수는 어떻게 그럴 수 있었을까요? 그것은 기준이 전혀 달랐기 때문입니다. 그것이 바로 그대와 나를 구원한 그분의 십자가입니다.

그분은 확실하게 다른 기준으로 삶을 이해합니다. 그 삶의 기준은 '하나님의 뜻'입니다. 하나님의 뜻으로만 인생의 모든 기준에 반응하니, 세상의 결과에 유연한 것입니다.

그대는 이 '하나님의 뜻'이라는 소리를 들으면, 알레르기 반응을 보일 것입니다. '하나님의 뜻'을 이미 모든 것이 예정된 운명론으로 생각해서 마치 그대의 자유를 박탈할 것 같고, 그대의 감정을 하찮게 여길 것 같고, 그대가 처한 모든 상황을 무시할 것 같으니까요. 더 나아가 하나님의 뜻은 절대적 철권으로 그대의 모든 의지를 누를 것처럼 생각합니다. 그러나 결론을 이야기하면, 저는 이 모든 것이 오해라고 말씀드리고 싶습니다. 그 이유는 예수가 보여준 '하나님의 뜻'은 그렇지 않기 때문입니다. 예수가 보여준 하나님의 뜻은 '인격적'이었습니다. 여기서 인격적이라는 것은 부드럽다는 것이 아닙니다. 여기서 인격적이라는 뜻은 상호적이라는 것입니다. 그것을 볼 수 있는 것이, 예수가 하나님과 충분하게 대화하는 장면들입니다. 예수는 하나님의 뜻을 따르기 전에, 그 하나님과 충분히 기도하는 모습을 보여줍니다. 예수는 하나님의 뜻을 상명하복上命下服으로만 해석하지 않았습니다.

그러므로 예수께서 그들이 와서
자기를 억지로 붙들어 임금으로 삼으려는 줄 아시고
다시 혼자 산으로 떠나 가시니라

요한복음 6장 15절

무리를 보내신 후에 기도하러 따로
산에 올라가시니라 저물매 거기 혼자 계시더니

마태복음 14장 23절

무리를 작별하신 후에 기도하러 산으로 가시니라

마가복음 6장 46절

무명

그는 육체에 계실 때에
자기를 죽음에서 능히 구원하실 이에게
심한 통곡과 눈물로 간구와 소원을 올렸고
그의 경건하심으로 말미암아 들으심을 얻었느니라

히브리서 5장 7절

그대에게 정말 필요한 삶의 자세는 '하나님의 뜻'을 충분히 구하는 자세입니다. 하나님의 뜻을 구하면서 하나님과 인격적으로 만나고 그 관계를 누리는 것입니다. 그대가 매일 성경을 읽어야 하는 이유도, 그대가 매주 예배를 드려야 하는 이유도, 여기에 있습니다.

하나님은 매일 그대와 새로운 관계 안에 있기를 원합니다. 하나님과 인격적인 관계 안으로 들어가서, 그분의 뜻을 구해봅시다. 그리고 그 영역에서 그대의 인생을 다르게 이해하는 것이 중요합니다. 아니, 그 영역에서 그대의 인생을 새롭게 해석하는 것이 필요합니다. **그렇게 기준이 달라질 때, 그대는 〈결론의 유혹〉에서 자유할 수 있습니다. 그리고 이것을 이길 수 있는 사람만이 '사명'의 길을 시작할 수 있습니다.**

결론의 유혹

이 세상에서 말하는 기준이란, 바로 '정해진 결론'입니다. 세상은 확실히 동기와 과정이라는, 길고 지루한 영역을 좋아하지 않습니다. 인간의 내면에서 작동하는 소중한 마음의 결단, 숭고한 결단의 마음을 유치한 것이라고 생각합니다. 오직 결론과 결과만을 중요하게 생각할 뿐입니다. 그리고 결론과 결과가 좋으면, 동기와 과정을 아름답게 포장할 뿐입니다. 그래서 그대의 마음에도 없는 목표를 따라서 오늘도 무람없이 걸어가게 하는 것입니다. 세상은 그대의 마음에서 어떤 탄식이 일어나든지 상관하지 않습니다. 오직 결론에만 이르면 됩니다. 그것을 만들어내면 인생을 잘 산 것입니다. 그것이 인간관계이든, 결혼이든, 직장이든 뭐든 말입니다.

무엇보다 가장 큰 어려움은 그 정해진 결론과 결과물을 반드시 나의 당대에 이루어야 한다는 것이죠. 내가 이루어내지 못하는 결론은 결국 나를 루저loser로 만들 뿐입니다. 이 기준에 갇혀 버린 인간은, 조급해지게 되는 것입니다. 그리고 동일하게 수단과 방법을 가리지 않는 짐승 같은 사람으로 전락하는 것입니다. 사실 돈이 있고 명예가 있고 힘이 있는 사람들일수록, 이 유혹에 갇혀 있습니다. 아니, 이 감옥에서 목 끝까지 사슬에 매여 갇혀 있습니다. 자신의 때에, 자신의 방법으로, 자기가 보는 앞에서 이루어져야 하는 유혹을 이기지 못하는 것이죠. 그래서 거짓말, 부정행위, 편법, 속임 등등을 고민하지 않고 저지르는 것입니다. 그들이야말로 더 불쌍한 인생을 살고 있는지 모릅니다.

결론의 이론

그대의 이해를 돕기 위해서 잠시 정리해봅시다. 지금까지 우리는 그리스도인이기에 '인생을 다르게 이해하기'의 중요성을 다시 이야기했습니다. 그리고 그 다른 지점이 하나님의 뜻이 삶의 기준이 되는 것이라고 했습니다. 하나님의 뜻은 이미 정해진 직선의 사각형이 아니라 곡선의 미를 가진 인격적인 것입니다. 이것을 깨닫고 볼 수 있게 하는 것이 예수가 하나님의 뜻에 순종하기 전에 드린 충분한 기도에 있다고 했습니다. 결국 다른 세상의 기준은 이미 정해진 결론의 유혹일 뿐입니다.

그러니까 그대가 '인생을 다르게 이해하는 영역'에 있어서 가장 중점적으로 신경 써야 하는 것은 '그대에게 주어진 결론'을 다르게 이해하는 것입니다. 그대가 삶의 기준으로 여겼던, 결론적인 삶을 새롭게 보는 것입니다. 그

것을 가장 탁월하게 보여주는 것이 바로 '예수의 해석학'입니다.

예수님은 이상할 만큼 세상이 주는 결론들에 대해서 초월적입니다. 여기서 초월적이라는 말을 오해해서는 안됩니다. 세상에서 주는 결론들을 부정하는 것이 아니라, 그 결론들을 다 받아들이되 세상이 보지 못하는 영역으로 새롭게 결론을 해석하는 것입니다. 그것이 바로 예수님의 해석학입니다. 먼저 예수님의 시험을 깊게 생각해봅시다. 그대가 생각할 때 예수의 시험은 사탄과의 싸움에서 이기신 것입니다. 모두가 여기에 한 가지를 덧붙이지요. 예수님이 사탄과의 싸움을 '말씀으로 이기셨다'라고요. 물론 모든 의미를 담아서 맞는 말입니다. 그러나 '말씀으로 이기셨다'라는 의미들을 깊게 생각해봅시다.

(생략) 이 돌들로 떡덩이가 되게 하라
(생략) **사람이 떡으로만 살 것이 아니요**
하나님의 입으로부터 나오는 모든 말씀으로 살 것이라
(생략) 네가 만일 하나님의 아들이어든 뛰어내리라
(생략) **주 너의 하나님을 시험하지 말라**
(생략) 만일 내게 엎드려 경배하면
이 모든 것을 네게 주리라

(생략) **주 너의 하나님께 경배하고**
다만 그를 섬기라 하였느니라

마태복음 4장 3-10절

사탄이 예수에게 시험했던 것은, 지극히 상식적이고
당연한 것들입니다. 떡의 문제에 대해서, 명예의 문제에
대해서, 신앙이 지향하는 것들에 대해서입니다. 그러나 이
시험에서 예수가 사탄을 '말씀으로 물리치셨다'라는 함의
는, 사탄이 주는 결론들에 머무르지 않고 그 결론을 새롭
게 해석하는 데 있습니다. 사탄이 주는 결론을 초월하여
새롭게 진리로 해석하는 것입니다.

예수님의 궁극적인 가르침인 '팔복'과 '산상수훈'도
살펴봅시다.

심령이 가난한 자는 복이 있나니
천국이 그들의 것임이요
애통하는 자는 복이 있나니
그들이 위로를 받을 것임이요
온유한 자는 복이 있나니
그들이 땅을 기업으로 받을 것임이요
의에 주리고 목마른 자는 복이 있나니

그들이 배부를 것임이요

긍휼히 여기는 자는 복이 있나니

그들이 긍휼히 여김을 받을 것임이요

마음이 청결한 자는 복이 있나니

그들이 하나님을 볼 것임이요

화평하게 하는 자는 복이 있나니

그들이 하나님의 아들이라 일컬음을 받을 것임이요

의를 위하여 박해를 받은 자는 복이 있나니

천국이 그들의 것임이라

마태복음 5장 3-10절

그리스도인이라면 예수님의 팔복을 너무나 좋아합니다. 이 팔복이야말로 예수의 정신이 어떤 것인지를 보여주는 가르침이 확실합니다. 예수가 이 팔복을 어떻게 해석하고, 그것이 함의하고 있는 것이 무엇인지 생각해봅시다. 그것은 당시 민중들의 현실적 결론들을 새롭게 해석하는 것입니다. 세상이 주는 결론들을 초월하여 새롭게 진리로 해석하는 것입니다. 예수님은 당시 민중들이 약자의 자리에서 억울하게 당하고 있는 모든 고난과 아픔을 그대로 받아들이게 합니다. 그러나 그 영혼의 자리에 생기는 멍 자국과 같은 심령의 상태를 새롭게 해석해줍니다. 그것이 끝이 아니라고요. 그것이 바보 같은 것이 아니라고요. 그래서 가난한 마음이 복이 있고, 애통하는 것이 복이 있고, 마음에 청결한 것이 복이 있다고 하나님의 진리로 삶을 재해석해줍니다.

심지어 예수는 죽음이라는 결론에 대해서도 새롭게 해석하기를 주저하지 않습니다.

> 들어가서 그들에게 이르시되
> 너희가 어찌하여 떠들며 우느냐
> 이 아이가 죽은 것이 아니라 잔다 하시니
>
> 마가복음 5장 39절

예수의 해석학은, 세상이 주는 결론의 유혹에 어떤 자세로 대해야 할지 보여줍니다. 바로 말씀이라는 진리가, 세상에 잠겨 있는 결론을 새롭게 해독해버리고 그것을 기준으로 삶의 메커니즘이 다시 작동하게 하는 것입니다. 그대가 '예수를 믿는다'라고 하는 것은 정확한 의미에서, 이런 예수의 해석학을 삶의 진리로 받아들이는 것입니다. 더 나아가 세상이 주는 결론에 함몰하는 것이 아니라, 그것을 진리로 초월하여 자신의 인생을 새롭게 재해석하는 것입니다. 그것이 그리스도인들이 마음에 새겨야 할 '결론 이론'입니다.

이 책의 처음을 열었을 때 〈무명〉의 상태에 대해서 이야기했습니다. 신앙 안에서 〈무명〉의 시간을 보내면서 그대의 폐부 깊은 곳에 있는 공허함에 대해서 이야기를 했습니다. 이렇게 준비하고 훈련해도 나에게 기회조차 한 번 없는 것이 아닌가 하는 두려움들 말입니다. 그러나 그 두려움마저 새롭게 해석하는 것이 필요합니다. 그 공허함마저, 현상의 언어가 아닌, 진리의 언어로 새롭게 결론을 읽어내는 독해력이 필요한 것입니다. 그대는 거기에만 머물러 있으면 안 됩니다. 예수를 믿고 따른다는 것은 그런 의미가 아니니까요.

나미야 잡화점의 기적

저는 이 책을 쓰면서, 가급적 예화나 이해를 돕는 이야기들을 사용하지 않고 있습니다. 그 이유는, 그대의 삶과 동떨어진 이야기들로 그대의 이해를 돕고 싶지 않기 때문입니다. 그대의 삶과 이질적인 이야기들로 저의 주장을 강조하고 싶지 않았기 때문입니다. 이해를 돕는 수많은 이야기들은 어느 정도 억지(?)가 들어 있는 법이죠.

그러나 지금까지 이야기한 '결론의 유혹'과 '결론이

론'에 관한 담론에서, 그대의 이해를 돕기 위해 저도 이야기를 인용하려고 합니다. 바로 히가시노 게이고의 《나미야 잡화점의 기적》(현대문학)이라는 소설입니다. 거의 하지 않는 인용이기에 조금 길게 설명하려고 하니 저의 긴 요약을 잘 들어주시기 바랍니다.[1]

'마쓰오카 가쓰로'는 아마추어 음악가입니다. 그는 학창 시절 진로를 놓고 심각한 고민을 하게 됩니다. 그는 공부를 꽤 잘했기에, 담임선생님은 공부를 하기 바랐습니다. 그러나 가쓰로는 음악이 너무 좋아 음악을 전공하고 싶어 했습니다. 이런 고민을 아버지는 알았지만, 아버지는 가쓰로에게 따로 바라는 것이 있었는데, 그것은 아버지의 직업인 생선가게를 물려받는 것입니다. 그것이 비교적 안정적이기 때문입니다. 그러나 가쓰로는 결국 자신이 하고자 하는 음악을 선택하고, 도시로 이사를 가서 음악 활동에 매진합니다.

처음에는 하고 싶은 음악을 마음껏 할 수 있었기에, 도시의 외롭고 거친 생활도 극복했습니다. 그러나 시간이 지나면 지날수록 자신이 음악에 재능이 없다는 것을 발견하

---

1 《나미야 잡화점의 기적》은 소설의 내용을 반영하되, 독자로서 제가 읽은 해석과 사건의 시간적 구성을 조금 바꾸었습니다. 그 이유는 독자들의 이해를 돕기 위해서입니다.

고, 깊은 좌절을 경험합니다. 그러나 가쓰로는 스스로 되뇌었습니다. '나는 기회를 만나지 못한 것이다', '아직 나의 재능을 알아봐줄 사람을 못 만난 것이다', '그러니 절대로 여기서 포기하면 안 된다'라고 말이죠. 무엇보다 그는 아버지의 바람인 생선가게를 물려받기가 너무 싫었습니다.

그런데 그때, 소중한 기회가 생깁니다. 우연히 어떤 유명 음악평론가를 소개받게 된 것입니다. 드디어 자신의 음악적 재능을 알아봐줄 수 있는 전문가를 만난 것입니다. 그는 그 평론가에게 그동안 자신이 추구해온 음악을 들려줍니다. 그러나 그 평론가의 대답은 이렇습니다.

"가쓰로, 좋은 음악이다. 그러나 거기까지다.
넌 재능은 없다. 너 정도 음악은 누구나 하는 거야."

가쓰로는 좌절한 마음과 상심한 마음 끝에, 정말 모든 것을 정리하고 집으로 내려가야 하는지 고민하게 됩니다. 그런데 그때 어머니에게 연락을 받게 되는데, 아버지가 위암 말기로 쓰러졌다는 것입니다. 가쓰로는 그동안 아버지와 생선가게 문제로 오랫동안 다투었습니다. 그래서 더욱 고향에는 가지 않았습니다. 그러나 이번엔 꼭 가야 하는 일이기에 가쓰로는 정말 오랜만에 고향으로 가게 됩니다.

오랜만에 아버지의 모습을 보니 만감이 교차합니다. 그리고 아버지가 일평생 생선가게를 하며 자신을 먹여 살렸다는 생각에 눈시울이 붉어집니다. 하지만 그렇다고 생선가게를 하고 싶지는 않습니다. 그러나 가쓰로는 아버지의 모습을 보면서, 나름 결심하고 아버지에게 말합니다.

"아버지, 저 생선가게 하겠습니다."

그런데 아버지가 이런 말을 합니다.

"음악을 때려치우고 생선가게를 하면 잘 될 줄 아느냐?
만약 네가 무슨 일이 있어도
기필코 생선가게를 맡아서 하겠다면 얘기가 달라져.
하지만 너는 그게 아니잖아.
그런 자세로 가게를 물려받아봤자
너는 생선장사를 제대로 못해.
몇 년쯤 해보다가 역시 음악을 할 걸 그랬다고
징징거리는 반편이가 되겠지.
생선가게를 우습게 보는 것은,
나를(아버지) 우습게 보는 거야."

가쓰로는 그런 아버지의 말을 곱씹으며 다시 음악을 하기로 단단한 결심을 합니다. 그러나 자신이 추구했던 음악이 아니라, 생계형 직업으로서의 음악 활동을 결심합니다. '생계형 음악가'로서 처음 가쓰로에게 주어진 일은, 그가 평소에 하찮게 여겼던 일입니다. 바로 작은 자선단체, 복지시설, 노인시설, 아동시설 같은 곳에서 음악공연을 하는 것입니다. 그렇게 그가 처음 공연을 한 곳은 환광원(아동복지시설)입니다.

가쓰로는 크리스마스에 우스꽝스러운 차림으로 아이들 앞에서 〈재생〉이라는 노래를 부릅니다. 그가 스스로 작곡 작사한 곡입니다. 아이들은 그 노래의 멜로디가 어떤 것인지, 가사가 어떤 것인지 전혀 관심이 없습니다. 그저 자신들 앞에서 노래하는 청년이 있다는 것이 신기할 따름입니다. 그런데 유독 한 소녀가 그 노래를 집중해서 듣는데, 공연이 끝나고 찾아와서 다시 그 노래를 들려달라고 합니다. 소녀의 이름은 세리입니다. 세리는 동생과 함께 가정폭력에 시달리다가 이곳으로 온 아이입니다.

가쓰로는 이런저런 상황들이 겹치면서 환광원에서 며칠을 더 머무르게 됩니다. 그리고 그곳에서 세리와 더 가까워집니다. 세리는 가쓰로에게 매번 〈재생〉을 불러달라고 조르고, 그는 불러줍니다. 가쓰로는 환광원의 아이들과 세리에게 음악을 들려주는 동안, 이상한 기쁨과 만족, 행복을 느끼게 됩니다.

그런데 바로 그날 가쓰로가 자는 사이에 환광원에 불이 납니다. 모든 아이가 우왕좌왕 대피를 하는데, 가쓰로는 세리와 마주칩니다. 그런데 세리가 말합니다.

"아저씨, 제 동생 다쓰가 옥상에 있어요."

가쓰로는 자신이 죽을지도 모르지만, 세리의 이야기를 듣고 옥상으로 향합니다. 그리고 세리의 동생을 품에 안고 다시 아래층으로 내려오는데, 건물의 큰 골조가 가쓰로를 향해 내려옵니다. 가쓰로는 그 순간에 세리와 세리의 동생을 던져버리고 자신만 살 수도 있습니다. 그러나 가쓰로는 그렇게 하지 않고, 대신 그 골조를 맞고 그 자리에서 죽지요.

실패한 마쓰오카 가쓰로?

아주 긴 인용이었습니다. 그대가 여기까지 이야기를 듣는다면, 가쓰로에 대해서 어떤 결론을 내리겠습니까? 그는 불쌍한 사람이요, 그는 안타까운 사람이 아니겠습니까? 또 그는 실패자요, 그는 루저가 아니겠습니까? 그렇게 몸부림을 치면서 음악을 추구했는데, 그의 음악은 세상에 빛을 보지 못했습니다. 겨우겨우 얻은 무대는, 자신의 음악과 전혀 상관이 없는(그의 음악적 세계를 이해할 수 없는) 환광원의 아이들이었습니다. 그리고 그곳에서 가쓰로는 참으로 허무하고 허망하게 화재 사고로 죽습니다.

결론의 유혹에 갇혀 있는 사람들의 관점에서는, 가쓰로만큼 실패자가 없을 것입니다. 오히려 그를 반면교사 삼아서, 그와 같이 되지 말자고 결심을 하겠죠. 그런데 이 책의 저자인 히가시노 게이고가 이 장의 마지막을 이렇게 장식하고 있습니다.

"지금은 일본에서 가장 유명한 가수가 된
세리의 데뷔곡이자 그녀가 공연 마지막에
항상 부르는 노래인 〈재생〉을
수많은 관중이 숨죽여 듣고 있다."

가쓰로의 죽음으로 살게 된 세리가, 나중에 일본에서 가장 유명한 가수가 되었다고 이야기합니다. 그리고 그녀의 데뷔곡이자 제일 사랑받는 앙코르곡이 바로 가쓰로가 만들었던 〈재생〉이었습니다.

결론의 서론

저는 이 책의 저자가 이해한 인생의 메커니즘이 탁월하다고 생각합니다. 그는 이 세상에서 말하는 '자신의 때에 결론(결과)을 맺어야 한다'라고 하는 유혹을 넘어 다른 지평을 이야기해줍니다.

그대가 그리스도인이라는 것은, 이 보이지 않는 영역을 염두에 두어야 한다는 것입니다. 그대가 닿을 수 없는 영역을 염두에 두어야 합니다. 왜냐하면 그리스도인에게는 결론이 서론이 되는 경우가 자주 있기 때문입니다. 하나님 안에서는 끝나는 지점이, 참된 시작이 되는 지점이 많이 있습니다. 죽음이 끝이 아니라 생명으로 부활한다고 믿는 것이, 그대가 매번 하는 신앙고백입니다. 무엇보다 예수의 죽음과 부활의 상관관계를 깊게 새겨봅시다. 만약 세상에서 말하는 결론의 유혹이 진실이라면, 예수만큼 실패한 사람이 없는 것입니다. 그리고 이 부분을 깊이 있게 이해해야, 제가 그대에게 간절하고 세밀하게 설명해주고 싶은 〈사명〉이 이해가 될 것입니다. 저는 그대에게 아직 〈사명〉이란 무엇인지 말해주지도 않았습니다. 단지 사명을 이해하기 위해, 변해야 하는 많은 지점을 이야기했을 뿐입니다.

〈무명〉의 시절에 갖는 어려움이 있다고 했습니다.

'나에게 한 번 무대가 주어지지도 않고, 이렇게 연습만 하다가 끝나는 것 아닌가?'라는 영역입니다. 물론 그럴 수 있습니다. 그대가 신앙이 있어도 그럴 수 있습니다. 그대가 하나님께 수많은 헌신을 해도, 그것과 상관없이 공허한 결론(결과)들이 나올 수 있습니다. 그러나, 그것이 끝이 아닙니다. 세상적인 〈기준〉에서는, 내가 이루지 못한 결론(결과)은 받아들이기 힘든 현실입니다. 그러나 하나님나라의 〈기준〉에서는, 내가 이루지 못한 결론(결과)은 그분이 또 이루어 가실 영역입니다.

히브리서 기자는 이것을 이렇게 말합니다.

이 사람들은 다 믿음을 따라 죽었으며
약속을 받지 못하였으되
그것들을 멀리서 보고 환영하며
또 땅에서는 외국인과 나그네임을 증언하였으니

히브리서 11장 13절

히브리서 11장은 모두가 알고 있듯이 믿음장입니다. 하나님의 사람들이 어떤 믿음으로 살아갔는지를 구체적으로 말해주고 있습니다. 그리고 그 믿음의 결론으로, 아주 중요한 신앙의 내력을 설명해주고 있습니다. 바로 수많은 하나님의 사람이 '약속한 것들을 받지 못했다'는 것입니다. 그 사람들이 믿음을 따라 죽을 때까지 전진해도, 그들이 원하는 결과들을 얻지 못했던 것입니다. 놀랍나요? 그러나 히브리서 저자는 거기서 끝난 것이 아니라 하나님이 이어가시는 영원한 역사를 말합니다. 하나님이 영원이시니까요. 그대는 단지 '순간'인 존재입니다. 이것을 결코 망각해서는 안 됩니다.

그렇기에 참된 신앙의 내력은 내가 원하는 결론들을 만들지 않는 것입니다. 주님이 주시는 결과들을 받아들이는 것입니다. 나에게 주어진 사명은, 결과를 만들어내는 사명이 아니라, 지금 주의 음성에 순종하고 있는지, 아닌지만 생각하면 되는 것입니다. 결론은 그분이 만들어 가실 것이고, 판단은 그분이 하실 것입니다.

사명

부교역자로 14년을 사역하면서(지금은 교회를 개척하였습니다) 참 안타까운 지점들이 있었습니다. 그것은 어떤 담임목사님들이 가지고 있는 고도의 집중력입니다. 억지로라도 어떤 결과들을 만들어내려는 고도의 집중력 말입니다. 그것을 가능하게 하기 위해서 무리해서라도 부교역자들에게 부당한 부담을 주는 것입니다. 그래서 때때로 부교역자는 세상보다 더 악랄해지기도 하고 지혜로워지기도 해서 허울 좋은 결과들을 만들어내는 것입니다. 그것이 작은 달란트 시장이든, 큰 전도 축제이든, 크리스마스 예배이든 말입니다. 그리고 그것을 〈사명〉이라고 부르기도 하고 가르치기도 하고 이용하기도 합니다. 그러나 이것이 정말 성경에서 말하는 〈사명〉일까요?

그대는 사명이라는 말을 자주 들었을 것입니다. 교회에서 하는 대부분의 행사에 사명이라는 수식어를 쉽게 붙이기 때문입니다. 전도 사명, 봉사 사명, 교육 사명, 설교 사명, 예배 사명 등등입니다. 그러나 이 사명이라는 뜻이 무엇일까요? 또 이 사명이라는 신앙의 덩어리가 가지는 의미는 무엇일까요?

그대가 생각하는 사명이란, 두 가지 의미로 생각할 수 있습니다. 첫 번째는 맡겨진 임무, 두 번째는 사신이나 사절이 받은 명령입니다. 물론 이 두 가지 의미로 성경에서 말하는 '사명'의 의미를 이해해도 전혀 무리는 아닙니다. 그래서 하나님께서 그대에게 맡겨주신 어떤 일, 어떤 영역을 수행하는 것이죠. 누군가에게는 그것이 직업이 될 수도 있고, 누군가에게는 그것이 봉사가 될 수도 있고, 누군가에게는 그것이 선교가 될 수도 있습니다. 보통 이 '직업'과

'봉사'와 '선교'라는 범주에서 그대는 학창 시절 내내 '사명'에 관한 가르침을 들었을 것입니다. 계속해서 강조하지만, 물론 틀린 것은 아닙니다.

그러나 성경은 '사명'에 대해서 뭐라고 말할까요? 성경에서 '사명'이라고 번역된 구절은 단 두 구절입니다.

> 내가 달려갈 길과 주 **예수께 받은 사명**
> 곧 하나님의 은혜의 복음을 증언하는 일을
> 마치려 함에는 나의 생명조차
> 조금도 귀한 것으로 여기지 아니하노라
>
> 사도행전 20장 24절

> 내가 내 자의로 이것을 행하면 상을 얻으려니와
> 내가 내 자의로 아니한다 할지라도
> **나는 사명을 받았노라**
>
> 고린도전서 9장 17절

사실 성경 자체에서는 사명이라는 단어가 자주 등장하지 않습니다. 실제로 이 본문에서 '사명'이라고 표기된 헬라어의 뜻은 '디아코니아'(διακονίαν)인데, 봉사, 직무라는 뜻을 가지고 있습니다. 고린도전서 본문에서 '사명'이라고 표기된 헬라어 뜻은 '오이코노미아'(οἰκονομία)인데, 청지기, 경륜이라는 뜻이죠. 물론 이것을 숭고한 의미에서 해석할 수 있겠지만, 아마 가장 단순한 차원에서 사용했을 것입니다. 즉, 그대가 알고 있는 거룩한(?) 사명이라는 뜻과는 거리가 멉니다.

이런 이야기를 들으면, 그대는 이런 생각을 할 수도 있습니다. "아니 저자 양반! 성경에서 사명을 이야기하지 않는다고요?!" 아니요. 성경은 줄곧 사명을 이야기합니다. 그러나 성경에서 말하는 사명이, 오늘 그대가 이해하고 있는 직업으로서, 봉사로서, 선교로서의 사명인지는 모르겠습니다.

성경에서 하나님이 수많은 하나님의 사람들에게 요구하셨던 '사명'은 어떤 직업, 봉사, 선교보다는 더 깊은 차원의 의미가 내포되어 있습니다. 바로 두 가지 차원에서 이해할 수 있는데 첫 번째는 순종, 두 번째는 부르심입니다.

순종

그대는 '순종'이라는 단어를 들으면 어떤 생각이 떠오르나요? 억압된 현대 사회의 남성 우월주의자들이 즐겨 쓰는 권위적인 단어? 아니면, 부모님을 사랑해서 자신의 뜻을 포기하고 부모의 뜻을 따르는 자녀의 모습? 아니면 순종을, 비인격적인 부당한 어떤 것, 사장이 직원에게 하는 갑질 정도로 생각할 수도 있습니다. 그리고 그렇게 만들어낸 행동 작용을 성경에서 말하는 '순종'이라고 생각하는 것 같습니다.

물론, 간혹 어떤 신앙인들의 간증 속에 이런 영웅담이 있기도 합니다. "내가 정말 이걸 하기 싫었는데, 하나님이 순종하라고 해서 했더니, 큰 복이 임했다.", "내 상식에는 이것이 진짜 아닌데, 그래도 목사님이 순종하라고 해서 했더니, 큰 복이 임했다" 등등입니다. 그런 자기부인의 형태 속에서 이루어지는 순종이 분명 있습니다. 귀한 간증들입니다. 그러나 성경에서 하나님이 인간에게 요구하는 순종은 조금 다른 차원입니다. 성경에서 그대에게 요구하는 차원의 순종은, '사랑의 결과'입니다. 그것을 잘 보여주는 것이 요한복음에 있습니다.

요한복음은 다른 복음서들과 다르게, 예수님과 제자들이 어떤 대화를 했는지 구체적으로 이야기해주고 있습니다. 그리고 대화의 내용뿐만 아니라, 예수님이 어떤 의도와 의미를 가지고 그 대화를 했는지 비교적 선명하게 보여주고 있습니다. 그런 예수님과 제자들이 나눈 대화의 절정은 예수님이 십자가를 지시기 전, 제자들과 마지막 시간을 보내는 장면입니다. 그것이 그대가 잘 알고 있는 성만찬의 사건과 세족식의 사건입니다. 요한복음은 다른 복음서들과 다르게, 예수님과 제자들이 그 시간을 얼마나 진실하게, 그리고 간절하게 보내고 있는지를 구체적으로 이야기해줍니다. 그리고 예수님이 무엇을 강조하는지도 보여줍니다.

너희가 나를 사랑하면 나의 계명을 지키리라

(중략)

나의 계명을 지키는 자라야 나를 사랑하는 자니

나를 사랑하는 자는 내 아버지께 사랑을 받을 것이요

나도 그를 사랑하여 그에게 나를 나타내리라

(중략)

예수께서 대답하여 이르시되 **사람이 나를 사랑하면**

내 말을 지키리니 내 아버지께서 그를 사랑하실 것이요

우리가 그에게 가서 거처를 그와 함께 하리라

나를 사랑하지 아니하는 자는

내 말을 지키지 아니하나니

너희가 듣는 말은 내 말이 아니요

나를 보내신 아버지의 말씀이니라

요한복음 14장 15-24절

무명

예수님은 제자들에게 계명을 지킬 것을 강조하십니다. 다르게 표현하면, 그동안 주님이 알려주신 가르침에 순종하기를 바랍니다. 그런데 그 순종을 해야 하는 이유가 어떤 강요나, 억압, 억지와 굴복으로 하는 것이 아니라, 하나님을 사랑하기 때문에 하기를 바라십니다. **그대가 순종이라고 생각할 때 떠오르는 그런 권위에 굴복당해서 억지로 하는 모습은, 예수님도 원하지 않습니다. 예수님이 바라는 순종은, 진정한 사랑에 의한 의지적 행동입니다.**

사실 창세기부터 요한계시록까지 하나님이 인간에게 바라는 것은 아주 단순했습니다. 바로 '사랑'입니다. 하나님은 인간이 하나님을 사랑해서 어떤 것을 하고, 인간이 하나님을 사랑해서 어떤 것을 하지 않기를 원했습니다. 그리고 그것을 조금 더 선명한 윤곽으로 드러낸 것이 율법입니다. 그렇기에 율법을 잘 이해하기 위해서는 문자적 관점에서 해석하기보다 사랑의 관점에서 해석하면 좀 더 쉽게 이해할 수 있습니다.

그렇다면 사랑이란 무엇일까요? 사실 그건 어려운 것이 아닙니다. 그대가 '사랑'을 하면서 자연스럽게 나오는 반응들이 있습니다. 그것이 열정이든, 질투이든, 내숭이든, 배려이든 말입니다. 그러나 그것은 인간과 인간과의 관계에서만 적용되는 것이 아니라, 하나님과 인간과의 관계에서도 동일하게 적용됩니다. 하나님도 그대를 사랑하기에, 사랑에 대한 반응이 자연스럽게 나오는 것입니다.

구약에서 심심치 않게 반복해서 강조하는 것이 있습니다. 그것은 하나님은 유일하다는 것과 그 하나님을 가장 사랑하라는 정신입니다. 그러나 이 사랑이 인간을 향한 사랑의 속성이 따로 있고, 하나님을 향한 사랑의 속성이 따로 있는 것이 아닙니다. 사랑하면 좋아하고 존경하고 배려하고 따르고 싶어 하는 그런 속성은 동일한 것입니다.

성경에서 이야기하는 사명의 의미는 이런 사랑으로서의 순종을 연결에서 생각해야 합니다. 액션 영화의 '미션 임파서블' 혹은 '007시리즈' 등등과 같이 불가능한 어떤 임무를 수행하는 것으로만 이해해서는 안 됩니다. 하나님은 그대를 기계로 생각하지 않으십니다. 하나님은 그대의 자원하는 마음을 진정 원하십니다. 하나님을 너무 사랑해서, 그분의 뜻을 따르고 싶어 하는 순종, 그분의 계명을 가장 사랑하는 순종, 그 순종에서 기독교의 사명은 시작되는 것입니다.

그리고 무엇보다 그 사랑의 마음에서 드리는 순종이, 하나님과의 합일合—을 이루게 하는 것입니다. **그대가 하나님을 사랑하지 않는 순종은, 하나님도 필요 없습니다. 그대가 하나님을 사랑하지 않는 하나님과의 합일적 추구**

는 하나님을 멀리 도망가게 하는 일입니다. 그대가 하나님을 사랑하지 않으면서 지키는 율법은, 하나님도 관심이 없으십니다. 무엇보다 하나님을 사랑하지 않으면서, 기독교의 〈사명〉을 수행한다는 것은 완전히 불가능한 일입니다. 그런 시도는 하면 할수록 하나님과 더 멀어지는 것입니다.

　〈무명〉의 시간 속에서 그대가 겸손함과 탁월함, 그리고 결과를 하나님께 맡기는 훈련이 되었다면, 그대는 〈사명〉을 따라가야 합니다. 주님을 너무나 사랑해서, 주인의 마음을 헤아려서, 걸어가는 사명은 숭고한 것입니다. 그러니, 이제 그대의 마음을 잘 점검해봅시다. 그대가 가이사를 사랑하는지, 하나님을 사랑하는지. 그대가 바알을 사랑하는지, 하나님을 사랑하는지. 그대가 그대 자신을 더 사랑하는지, 하나님을 사랑하는지. 사랑에 중간은 없습니다. 기면 기고 아니면 아닌 것입니다. 하나님은 당신의 일을 해줄 사람이 필요한 것이 결코 아닙니다.

사명보다, 사랑으로

　그대는 성경에서 예수님과 가장 가깝게 지낸 사람이 누구라고 생각하나요? 예수님이 어떤 분인지를 가장 잘 아는 사람이 누구라고 생각하나요? 이것에 대해서 사람마다 약간 의견이 다를 수 있지만, 대부분의 사람은 '베드로' 혹은 '마리아'라고 생각할 것입니다. 저 역시 여기에 동의합니다. 베드로는 예수의 열두 제자 중 수제자이기에, 어디에 있든지 예수님 옆에 붙어 있었기 때문에 다른 제자들보다 예수가 어떤 것을 좋아하는지, 어떤 것을 중요하게 생각하는지, 비교적 더 정확하게 알았을 것입니다.

그러나 그런 베드로가 예수를 배반합니다. 그대가 알고 있듯이 베드로는 그 밤에 닭이 두 번 울기 전에 예수를 세 번 부인했습니다. 물리적으로 2천 년이나 지난 시간에서, 이 베드로의 부인 사건을 본다면 그대는 여러 가지 정황을 따져서 생각할 수 있습니다. 상황적으로, 관계적으로, 심리적으로 따져보았을 때, 베드로도 그 무게감이 엄청났을 것입니다. 그래서 그대는 그 사건 속으로 들어가서 베드로를 위로하고 싶을지도 모르겠습니다. 괜찮다고, 나도 똑같다고, 너의 마음을 다 이해한다고. 그러나 직접 배반한 당사자인 베드로의 입장에선, 그대의 위로는 싸구려 말장난일 뿐입니다. 제가 극단적이라고요? 아닙니다. 이 세상에는 어떤 것도 위로가 될 수 없는 감정이 있기도 합니다. 베드로에게는 그것이 예수를 배반한 사건입니다. 그는 차라리 죽고 싶은 심정이었는지도 모르겠습니다.

영화 속에서는 배반한 사람이 냉정하고, 전략적이

고, 더 악랄하게 잘 살아가는 것같이 보이지만, 현실 세계는 다릅니다. 현실에서는 배반한 사람도 괴롭고 후회스럽고 아픈 감정 속에, 평생을 살아가게 됩니다. 그것은 잘 회복되는 것이 아닙니다. 위로와 공감이 매번 탁월한 대안도 아닙니다. 분명 베드로도 그러했을 것입니다. 그리고 요한복음을 제외한 마태복음, 마가복음, 누가복음은, 실패한 베드로의 모습으로 그 막을 내립니다. 베드로의 모습에 대한 더 이상의 상세한 설명을 하지 않습니다.

그런데 사복음서 이후 사도행전을 보면, 베드로의 모습은 사자 같은 전사의 모습입니다. 3천 명을 회심시키고, 5천 명을 회개시킵니다. 불같은 능력으로 수많은 병자를 치유하고, 교회를 통치합니다. 당시 종교 지도자들과 논쟁을 하지만, 예전과 다르게 흥분하는 모습이나 겁쟁이의 모습은 전혀 없습니다. 심지어 감옥에 갇혀 있지만, 그의 마음 가운데 한 조각의 절망도 보이지 않습니다. 오히려 천사의 도움으로 탈출을 감행하게 됩니다. 누가 봐도 베드로는 사명감에 활활 타오르는, 전사의 모습입니다. 베드로가 어떻게 이렇게 변하게 된 것일까요? 분명 마태복음, 마가복음, 누가복음에서는 실패자의 모습으로 끝났는데, 베드로에게 어떤 일이 일어난 걸까요? 그것을 알기 위해서는 요한복음의 마지막을 보아야 합니다.

요한복음은 다른 복음서들과 다르게 예수님과 제자들의 깊은 대화가 적혀 있습니다. 그래서 예수님의 마음에 무엇이 있는지, 그분은 어떤 것을 좋아하고 싫어하는지, 그분이 추구한 하나님나라는 무엇인지, 아주 적나라하게 적혀 있습니다. 그런 관점에서 요한복음 21장은 너무나 귀한 내용입니다. 그 이유는 예수님이 베드로를 어떻게 회복시키는지 아주 구체적으로 나와 있기 때문입니다.

> 그들이 조반 먹은 후에
> 예수께서 시몬 베드로에게 이르시되
> **요한의 아들 시몬아 네가 이 사람들보다**
> **나를 더 사랑하느냐** 하시니
> 이르되 주님 그러하나이다
> 내가 주님을 사랑하는 줄
> 주님께서 아시나이다 이르시되
> 내 어린 양을 먹이라 하시고
> 또 두 번째 이르시되
> **요한의 아들 시몬아 네가 나를 사랑하느냐** 하시니
> 이르되 주님 그러하나이다
> 내가 주님을 사랑하는 줄
> 주님께서 아시나이다

이르시되 내 양을 치라 하시고

세 번째 이르시되

요한의 아들 시몬아 네가 나를 사랑하느냐 하시니

주께서 세 번째 네가 나를 사랑하느냐 하시므로

베드로가 근심하여 이르되

주님 모든 것을 아시오매

내가 주님을 사랑하는 줄을

주님께서 아시나이다

예수께서 이르시되 내 양을 먹이라

요한복음 21장 15-17절

그대는 이 본문의 설교를 많이 들었을 것입니다. 이 본문을 설교할 때 보통의 주제는 사랑의 종류에 관한 이야기일 것입니다. 에로스('Ερως), 스테르고(στέργω), 필레오(φιλέω), 아가페(αγάπη)에 관한 담론입니다. '에로스'는 남녀의 육체의 사랑, '스테르고는'는 가족 간에 느끼는 사랑, '필레오는' 우정의 사랑, '아가페는' 거룩한 사랑이라는 아주 초보적인 뜻이 있습니다. 그래서 이 본문을 설교할 때, 예수님은 베드로에게 아가페의 사랑을 물었는데, 베드로는 필레오의 사랑으로 대답했다고 들었을 것입니다. 그래서 베드로는 아직 예수의 수준으로 사랑하지 않는다고 결

론을 내릴 수 있습니다.

그러나 엄밀하게 말하면, 이런 구분은 오늘날의 관점에서 해석하기 때문에 구분되는 것입니다. 실제 당시의 유대 사회에서는 이런 사랑의 단어의 용례들이 지금 해석하는 것처럼 완전히 구분되지 않았습니다. 동일한 요한의 저작인 요한복음과 그의 서신서에 등장하는 '아가페'와 '필레오'의 상황적 의미를 살펴보면, 그렇게 각진 구분을 하지 않는다는 것을 알 수 있습니다. 요한복음 3장 16절에 "하나님이 세상을 이처럼 사랑하사"의 사랑에는 아가페가 쓰여 있습니다. 그런데 그다음 19절에 "사람들이 자기 행위가 악하므로 빛보다 어둠을 더 사랑한 것이니라"에서도 그 사랑이 '아가페'입니다. 요한복음 12장 43절에도 "그들은 사람의 영광을 하나님의 영광보다 더 사랑하였더라"도 그 사랑이 '아가페'입니다. 필레오의 용례도 생각해볼 수 있습니다. 요한복음 5장 20절의 "아버지께서 아들을 사랑하사"의 본문에서 사용된 것은 아가페가 아니라 '필레오'입니다. 요한복음 11장 3절의 예수가 나사로를 사랑하는 사랑도 '필레오'이며, 요한복음 16장 27절에서 제자들의 예수를 향한 사랑도 '필레오'입니다. 심지어 비교적 정확한 단어를 사용하는 바울도 고린도전서 16장 22절에서 "만일 누구든지 주를 사랑하지 아니하면 저주를 받을지어다"의 사랑도 '필레오'입니다.

　제가 이렇게까지 구체적으로 설명하는 것은, 그대가 가지고 있는 선입견으로 요한복음 21장을 대하지 말기를 부탁드리기 위함입니다. 요한복음 21장은 정말 위대하고 숭고한 의미들로 가득하기 때문입니다. 그것은 욥이 품었던 비명의 내력을 가지고 있는 베드로가 어떻게 다시 일어났는지를 보여주고, 결국에 예수가 '신앙'에 있어서 가장 중요하게 여기는 것이 어떤 것인지를 가장 날것의 언어로 볼 수 있기 때문입니다. 무엇보다 초대 교회의 수장인 베드로의 사명이 어떻게 잉태하는지를 가장 적나라하게 볼 수 있기 때문입니다.

　그것을 가장 단순하게 이야기하면 '사랑'입니다. 조금 복잡하게 이야기하면, '예수도 전적으로 믿는 사랑의 위대함'입니다. 어쩌면 베드로에게 자신을 사랑하는지 세 번이나 묻는 예수의 마음이 베드로보다 더 간절했는지도 모릅니다. 그가 포기하지 않기를, 그가 절망하지 않기를, 한없이 바라는 간절함 말입니다. 중요한 것은, 이 지점에서 예수라도 그분의 능력으로 베드로를 강제적으로 일으키지 않으셨다는 점입니다. 이 지점에서 예수라도 희망에만 모든 것을 걸어, 베드로가 스스로 부활하기를 바랐습니다. 그분이 희망했던 것은 사랑의 가능성이죠.

베드로가 스스로 일어나는 존재적 부활은, 세상에서 흔히 말하는 당근이나 채찍, 혹은 대박이 날 거라는 로또나 주식 따위의 메커니즘이 아닙니다. 예수님은 베드로가 예수를 사랑해서 스스로 부활하기를 바랐던 것입니다. 사랑에는 그런 힘이 있으니까요. 그 사랑의 힘이, 하나님이 세상을 이처럼 사랑해서 그 모든 것들을 창조하신 능력이고, 그 사랑의 힘이, 예수가 그대들을 그토록 사랑해서 십자가에 죽으신 사건입니다. 예수는 베드로가 그 사랑 안에 있다면 바닥에서도 일어날 수 있다고 믿은 것입니다. 그리고 그 지점에서 참다운 '사명'과 접속되는 것입니다.

그대는 하나님을 사랑합니까? 그대는 하나님을 위해서 살아가고 싶다고 말하지만, 사실 하나님을 사랑하지는 않고 있는 것 아닙니까? 그대는 사명으로 살겠다고 거룩한 결심을 하지만, 하나님을 향한 사랑은 별개라고 생각하는 것 아닙니까? 아니면 혹은 내가 남자라서, 혹은 내가 무뚝뚝한 사람이라서, 하나님을 사랑하는 것이 뭔지 모르겠다고 하는 것 아닙니까? 그러나 정확하게 기억하십시오. 하나님을 향해 몸과 마음과 힘을 다해 사랑해보지 않은 이가, 하나님을 위해서 일하겠다고 하는 것은 모순입니다.

청교도 존 오웬John Owen이 이런 말을 했습니다. "하나님을 향해서 상사병도 앓아보지 못한 이가, 과연 얼마나

성경의 진리에 눈을 뜰 수 있겠는가?" 너무나 탁월한 말입
니다. 하나님을 마음을 다해서 사랑해보지 못한 사람이,
어떻게 하나님을 위해서 살 수 있겠습니까. 하나님을 향해
서 심각한 우울증도 앓아보지 못한 사람이, 어떻게 그분을
위해 자신을 던질 수 있겠습니까.

　대부분의 사람이 편하게 말하는 '사명'은 가장 보통
의 '야망'입니다. 그대가 이루고자 하는 사명이, 결국 그대
의 이름을 높이기 위해서 하나님을 이용하는 것은 아닙니
까? 결국 그대가 어떤 인기와 영향력을 독점하기 위해서
하나님을 활용하는 것은 아닙니까? 그러나 착각하지 마십
시오. 하나님은 하나님을 위해서 살아갈 사람이 필요하지
않습니다. 하나님을 위해서 돈을 쓸 사람도 필요하지 않습
니다. 자신의 영광을 높이기 위해서 어떤 유명한 사람들의
영향력이 필요한 것은 더더욱 아닙니다. 그대가 하나님과
거래하고 싶은 어설픈 내용들은, 그대가 얼마나 같잖은 사
람인지를 보여줄 뿐입니다.

　요한복음 21장의 베드로와 예수의 대화를 보고 있노
라면, 예수가 정말 중요하게 여기는 것이 무엇인지 알 수
있습니다. 그것은 하나님을 향한 살아 있는 사랑입니다.
그것이 민망함과 연약함, 후회와 회개, 분노와 좌절의 모
양을 가지고 있더라도 상관없습니다. 그 모양이 아무리 추

해도 그 안에 하나님을 향한 살아 있는 사랑이 있다면, 하나님은 탕자의 아버지같이 되기를 주저하지 않습니다. 그분은 언제든지 한없이 넓고 따뜻한 품으로 그대를 안으실 준비가 되어 있으신 분입니다. 그대가 하나님을 향한 살아 있는 사랑이 있다면, 유일하신 하나님은 언제든지 그대의 아버지가 될 준비가 되어 있습니다. 적어도 하나님에게는 이 사랑이 가장 중요한 것입니다.

사랑에서 사명으로

그대는 어설프게 이런 생각을 할 수 있습니다.

'저도 뭐 하나님을 사랑합니다…?(긁적긁적)'

그리고 더 어설프게 이런 반문을 할 수도 있죠.

'아니, 난 또 뭐라고. 베드로의 저런 고백은
저도 할 수 있어요!'

'예수님이 저렇게 직접적으로 묻는데,
베드로같이 대답하지 않을

사람이 어디 있어요?'

맞습니다. 저런 고백은 그대라도 할 수 있습니다. 그리고 예수님이 저렇게 직접적으로 묻는데, 베드로처럼 대답하지 않을 사람이 어디 있을까요? 아마 그대는 더 잘 할수 있을 것입니다. 그러나 요한복음 21장이 귀한 이유는, 예수가 베드로를 얼마나 사랑하는지도 볼 수 있지만, 사실 베드로가 예수를 얼마나 사랑하는지도 볼 수 있기 때문입니다.

예수께서 사랑하시는 그 제자가
베드로에게 이르되 주님이시라 하니
시몬 베드로가 벗고 있다가 주님이라 하는 말을 듣고
겉옷을 두른 후에 바다로 뛰어 내리더라
다른 제자들은 육지에서 거리가
불과 한 오십 칸쯤 되므로
작은 배를 타고 물고기 든 그물을 끌고 와서

요한복음 21장 7,8절

요한복음 21장을 보면, 예수를 배반한 베드로는 물고기를 잡고 있습니다. 그런데 예수의 사랑하는 제자(요한)가 베드로에게 "저기 주님이시다"라고 말합니다. 그러자 그 말을 들은 베드로는 물고기를 잡느라 벗고 있었던 겉옷을 다시 챙겨 입고 바다로 뛰어듭니다. 본문은 그 거리가 '육지에서 거리가 오십 칸'이라고 합니다. 오늘날 현대 단위로 치환하면 91미터 정도입니다. 즉 예수님이 있는 육지와 베드로가 있는 바다 사이는 91미터 정도의 차이가 있습니다. 바다와 육지의 100미터 지점은 사람이 헤엄쳐서 도달하기는 힘든 위치입니다. 베드로도 지금 헤엄을 쳐서 예수께 도달하기 힘들다는 것을 알고 있습니다. 오히려 배를 타고 가는 것이 더 안전하고 빠르다는 것도 알고 있습니다.

그런데 베드로는 그런 계산을 하지 않고 "저기 주님이시다"라는 말 한마디에 무모하게 바다에 뛰어듭니다. 다른 제자들은 153마리의 만선을 포기하지 않고, 천천히 육지를 향해 갑니다. 다른 제자들도 저기 육지에 있는 분이 예수라는 것을 알지만, 그래도 그들은 바다로 뛰어들지 않습니다. 어쩌면 그들의 마음에는 베드로보다 똑똑한 이성적 판단이 있었는지도 모르겠습니다. 이 배를 가지고 가면 힘들지도 않고, 153마리의 만선도 포기하지 않고, 안전하게 육지에 도착해서 예수님을 만날 수 있다는 합리적이고 똑똑한 방법들 말입니다. 그러나 베드로는 배와 그물과 물고기를 버리고 바다에 뛰어듭니다. 마치 그날 갈릴리 해변가에서 처음 예수를 만났을 때처럼 말입니다. 왜 그럴까요? 그날의 배신이 생각나서 자살이라도 하려는 걸까요? 결코 아닙니다.

그 이유는 아주아주 단순한 것입니다. 베드로는 당장 예수를 만나고 싶은 것입니다. 물고기 153마리가 중요한 것이 아니라, 지금 저기 있는 예수가 중요한 것입니다. 91미터의 거리가 중요한 것이 아니라, 그토록 보고 싶었던 나의 예수를 다시 볼 수만 있다면 당장에라도 바다로 뛰어드는 것입니다. 베드로는 비록 지금 물고기를 잡고 있지만, 사실 예수가 너무 보고 싶었고, 예수가 너무 좋고, 배와 그물과 물고기는 걸리적거릴 뿐입니다. 그것이 베드로가 예수를 얼마나 사랑하는지 보여주는 장면입니다.

그대는 하나님을 사랑하는 것 같기도 합니다. 예수님이 그대에게 '네가 나를 사랑하냐'라고 직접적으로 세 번이나 묻는다면, 아마 베드로보다 더 잘 대답할 것입니다. 더 낭만적으로, 더 신앙적으로 말입니다. 그래서 마치 그대가 베드로보다 예수를 더 사랑하는 것같이 생각할 수도 있고, 그대의 인생에서 하나님을 정말 정말 사랑하는 것처럼 착각할 수도 있습니다. 그러나 그대는 저기 베드로처럼 91미터 지점에서 뛰어들 수 있습니까? 단순히 헤엄을 치는 정도가 아니라, 153마리라는 만선의 배와 그물을 버리고 그 바다에 뛰어들 수 있습니까? 나의 예수가 너무 좋아서, 나의 예수가 너무 보고 싶어서, 아무것도 계산하지 않는 저런 바보 같음을 소유할 수 있습니까?

사실, 사랑이라는 것이 속기도 쉽고 속이기도 쉬워서, 신앙 가운데 '하나님을 사랑한다'라는 것이 아리송할 때가 있습니다. 내가 하나님을 사랑하는 것 같기도 하고, 아닌 것 같기도 합니다. 그럴 때는 기억하십시오. '나는 91미터 바다에 뛰어들 수 있는가? 나의 예수가 너무 좋아서, 나의 예수가 너무 보고 싶어서, 아무것도 계산하지 않는 그런 바보가 될 수 있는가?'

저는 요즘 그대가 무엇을 준비하는지 모르겠습니다. 어떤 것을 꿈꾸고 있는지 모르겠습니다. 그러나 그대가 꿈꾸는 그 모든 것들은, 언제나 그대가 가장 사랑하는 것에서부터 출발할 것입니다. 그것이 직업으로서 요리사를 꿈꾸든, 가수를 꿈꾸든, 연기자를 꿈꾸든, 교수를 꿈꾸든, 어떤 취업을 준비하든, 어떤 대학에 들어가기 위해 재수를 하든 말입니다. 물론, 자기 자신을 사랑하는 마음은 결코 잘못된 것이 아닙니다. 그러나 그대는 거기까지입니다. 이것을 인정해야 합니다. 그대는 그대의 이름을 마음을 다하고 목숨을 다해 사랑하니, 가장 중요한 선택들 앞에서 신앙보다는 눈앞의 이익을 택할 것입니다. 가끔 그대는 그대의 재물과 재능, 어떤 달란트를 가지고 하나님을 섬길 수 있습니다. 또 교회를 섬길 수도 있습니다. 심지어 위대한 구제를 할 수도 있습니다. 그러나 그래도 그대는 사명으로 일하는 것이 아닙니다. 딱 그 정도입니다.

성경에서 보여주는 사명이 잉태하는 순간은, 하나님을 너무나 사랑해서, 하나님 외에는 아무것도 보이지 않을 때입니다. 하나님을 사랑하는 것에만 의미를 두는 것입니다. 당장 그대 앞에 있는 시간의 문제, 돈의 문제, 건강의 문제들을 고려하지 않는 단순함입니다. 저는 지금 사표를 내라고 하는 것이 아닙니다. 모든 것을 제쳐두고 교회 일을 하라는 것이 아닙니다. 단지 그대가 '사명'이라는 이름을 쉽게 붙이지 말라는 것입니다. 사명은 '이것, 저것들을 해주세요. 그럼 하나님을 위해서 일하겠습니다' 혹은 '하나님을 위해서 일할 테니, 이런저런 것들을 해주세요' 따위의 어설픈 거래가 아닙니다. 그런 거래의 비참한 결과들은 수많은 역사 속에 널리고 깔려 있습니다. 사명은 그렇게 잉태하는 것이 아닙니다.

사명이 잉태하는 순간

요한복음 21장 이야기를 더 해봅시다. 요한복음 21장의 하이라이트는 베드로의 사명이 잉태하는 순간입니다. 지금까지 그대에게 차곡차곡 설명했듯이 예수님은 베드로와 만납니다. 그리고 삼문삼답을 합니다. 그 후에 예수님이 베드로에게 사명을 주시는데, 그것이 참 인상적입니다.

> 내가 진실로 진실로 네게 이르노니 네가 젊어서는
> 스스로 띠 띠고 원하는 곳으로 다녔거니와
> **늙어서는 네 팔을 벌리리니 남이 네게 띠 띠우고**
> **원하지 아니하는 곳으로 데려가리라**
> 이 말씀을 하심은 베드로가 어떠한 죽음으로
> 하나님께 영광을 돌릴 것을 가리키심이러라
> 이 말씀을 하시고 **베드로에게 이르시되**
> **나를 따르라 하시니**
>
> 요한복음 21장 18,19절

예수님은 지금 베드로에게 참으로 이상한 말을 합니다. "베드로야. 네가 젊을 때는 네가 원하는 곳으로 다니고 살았지만, 이제는 남이 너의 팔을 벌리고 남이 너에게 띠를 띠우는 삶을 살게 될 거야"라고 말합니다. 쉽게 이야기해서, 네 인생은 이제 네 것이 아니라, 남의 것이라고 말씀하시는 것입니다. 그리고 그것이 베드로가 가진 사명의 이

무명

름표입니다.

예수님은 왜 이것을 요한복음 21장의 마지막에 가서야 이야기하는 걸까요? 예수는 왜 이것을 삼문삼답 이후에 말씀하시는 걸까요? 그것은 참된 사명이란 어떤 얼굴을 가지고 있는지 보여주기 위함입니다. 그 사명의 얼굴은 결국 자기 자신을 위해서 살아가는 모든 성격, 모양, 목표는 예수가 말하는 사명이 될 수 없다는 것입니다. 예수가 말한 사명은, 베드로 본인마저도 원치 않는 삶의 모양인 것입니다.

사명이 잉태하는 순간에는 주를 향한 사랑의 절정이 있습니다. 그러나 잊지 마십시오. 그 주를 향한 사랑의 절정이 말해주는 결론은, 그대가 꿈꾸는 삶의 모양이 아닐 수도 있는 것입니다. 그대가 지금까지 준비해온 모든 것과 다를 수도 있는 것입니다. 그러나 베드로와 같이 정말 기쁘게 바다에 뛰어 들어가는 것이 사명의 모양입니다.

그대는 어설프게 '하나님을 위해서' 그대가 가진 달란트를 활용하라고, 그대가 가진 재능을 발달시켜 사용하라고, 그대가 가진 어떤 기능들을 교회를 위해서 봉사하라고 들었을 것입니다. 모두 귀하고 소중한 것들이지만 예수가 진정 베드로에게 마지막으로 부탁했던 사명의 모양은, 이런 것들과는 관계가 없는 것입니다. 참된 사명의 모양은 그대가 할 수 있는 것이 어설프고, 재능이 없고, 심지어 자격이 안 되어도, 하나님을 사랑해서 아주 기쁘게 바다에 뛰어드는 것입니다. 그렇게 자기를 죽이는 모양이, 하나님께 영광이 되는 모양이고, 그런 사랑의 절정으로 예수를 따라가는 것입니다. 비록 이 땅에서 어떤 결론을 내지 못하고, 어떤 결과물을 만들어내지 못해도 말입니다. 이 책의 시작부터 말했지만, 결국 그대에게 잘 차려진 무대가 주어지지 않아도 말입니다. '나미야 잡화점의 기적'에서 말하는 가쓰로의 죽음처럼, 세리의 〈재생〉처럼 말입니다.

그대가 원하는 삶을 살 수 없고, 그대가 주인공이 아닐 수도 있다는 말에, 그대에게 어느 정도의 허무한 마음이 들어오는 것을 알고 있습니다. 그러나 그것이 끝이 아닙니다. 하나님이 그 어설픈 모양들, 그 미완의 덩어리들을 사용하십니다. 우리의 인생은 유한하지만 하나님은 영원하시니, 하나님 편에서는 어떤 것도 끝난 것이 아닙니다. 그것이 성경에서 말하는 메시지입니다.

어머니의 일

저희 어머니는 언제나 어디서나 볼 수 있는 평범한 교회의 권사님입니다. 약간의 특이점이 있다면, 20억 이상의 빚이 있고 평균 나이 60세를 넘은 성도 12명 정도가 있는 교회를 섬기신다는 것입니다. 그리고 12명의 할머니 성도님들이 그 교회의 이자를 십자가처럼 지고 있습니다. 아주 무거운 이자입니다. 그 교회가 왜 그렇게 되었냐고요? 너무 흔한 일인데요. 전에 있던 사역자가 교회 건축을 하다가 금전 문제로 도망가고, 100명 정도 되던 성도들도 자연스럽게 모두 떠나갔습니다. 그대라도 그 교회를 떠났을 것입니다. 물론 저도 어머니에게 그 교회를 떠날 것을 간곡하게 부탁드렸습니다. 그러나 어머니가 이런 말씀을 하십니다.

"주님이 버리지 않는 그 교회 떠나서
나 편하게 신앙생활하면,
이후에 주님 만날 때,
나 어떻게 주의 얼굴 볼 수 있겠냐.

일환아, 주께서 주신 영광은 다 누리면서
주님이 주신 고난을 피하면,
이후에 주님 만날 때,
나 어떻게 주의 얼굴 볼 수 있겠냐."

놀랍게도 주기철 목사님의 일사각오一死覺悟 같은 신앙고백이었습니다. 저는 이런 어머니에게 그것은 율법적인 거라고, 엄마가 하나님을 잘 몰라서 그런 거라고, 하나님도 다 이해하실 거라고, 설득도 시키고 화도 내보았지만 모두 허사였습니다. 그리고 그 후로 17년이 지났습니다. 아무도 믿지 않겠지만, 저희 어머니는 그 교회의 빚을 갚기 위해서, 17년 동안 식당에서 일을 하십니다. 지금도 그 교회의 새벽예배, 금요예배, 주일예배를 나가고 있고, 수많은 봉사를 하고 계십니다. 누구나 순간적인 신앙의 결심과 뜨거운 고백은 할 수 있지만, 그것을 세월로 증명하는 사람은 많지 않습니다.

그래서 그런지 저희 어머니의 영성은 막강합니다. 명언 제조기입니다. 제가 감기에 걸리면 이런 말씀을 하십니다.

"전도사가 얼마나 기도를 안 하면 감기에 걸리냐."

제가 분주한 일정으로 바쁘면 이런 말씀을 하십니다.
"일이 많아서 바쁜 게 아니라
영성이 없어서 바쁜 거란다."

제가 가끔 화를 내면 이런 말씀을 하십니다.

"예수는 집 팔고 땅 팔고 냉장고 팔아서
믿는 게 아니라,
너의 그 더러운 성질 팔아서 믿는 거다."

"혈기도 이기지 못하는 놈이,
마귀는 어떻게 이기려고 하느냐."

그대에게는 아무런 감흥이 없겠지만, 저에게는 지금
도 살아 있는 감동이 있는 이야기들입니다. 저는 당연히
그런 어머니의 신앙을 보면서 자라왔습니다. 그리고 어머
니의 신앙은 저의 신앙에 있어서, 이 땅에 있는 어떤 사람
보다 가장 큰 영향을 주었습니다. 어머니의 가르침이 귀한
자양분이 되어 신학교까지 가게 되었습니다. 2019년에는
교회를 개척했습니다. 이름은 〈우.리.가.본.교회〉입니다. 아
직 목사 안수를 받지 않아 담임전도사로 개척해서 모든 것
이 허술하고 부실한데, 진실로 이 교회를 사랑해서 자신의
젊음을 주저하지 않고 드리는 이들이 있습니다. 하나님의
은혜로 2020년에는 《혼자》(규장)라는 책도 썼습니다.

갑자기 왜 이런 이야기를 하느냐고요? 이 모든 것들

을 통해서 많은 사람이 큰 은혜를 받았다고, 너무 좋은 가르침이라고, 자신의 신앙에 큰 변화가 있었다고 간증합니다. 심지어 어떤 분은 최근에 자살을 결심했는데, 책을 읽고 다시 살기로 결심했다는 분도 있었습니다. 저는 너무 부족하지만, 감히 저를 통해서 받은 은혜라는 것이 있다고 고백합니다. 그런데 저의 영성은 모두 저에게서 나온 것이 아닙니다. 저희 어머니에게 물려받은 것들입니다. 저희 어머니에게 보고 배운 것들입니다.

그런 저희 어머니의 평생 직업은 식당에서 일하는 것이고, 가정주부이고, 언제나 어디서나 볼 수 있는 흔한 교회의 평범한 권사님입니다. 어머니는 어머니로서 일을 한 것뿐입니다. 자녀들에게 밥을 먹이고 설거지를 하고 청소를 하고, 주일에는 교회에 가서 예배를 드렸을 뿐입니다. 아주 평범한 색채를 가진 어머니입니다. 그러나 어머니는 믿음으로 자신의 일을 하신 것입니다. 그것이 어머니의 '사명'이니까요. 그런데 저희 어머니의 가르침과 영향력이, 지금 이 책을 읽고 있는 그대에게까지 가는 것입니다. 저의 설교를 듣고 있는 어떤 이들에게까지 가는 것입니다. 자살을 결심한 어떤 청년에게까지 간 것입니다.

그러니, '사명'을 통해서 퍼져 나가는 영향력은 엄청난 것입니다. 그러나 사명은 그리스도인으로서 멋진 일과 위대한 직업에 관한 담론이 아닙니다. 가장 먼저 사명은 자신에게 주어진 것들을 직면하는 것입니다. 자신에게 주어진 '사명'에 접속될 때, 그 영향력은 실로 막강해집니다. 진실로 진실로 신비로운 것은, 저희 어머니의 가르침이 그대에게까지 갈지 어떻게 알았을까요?

그대 역시 마찬가지입니다. 그대가 사명을 통해서 살아가는 삶은, 그대가 상상할 수 없는 영향력을 가지게 되는 것입니다. 비록 그대가 원하는 삶이 아니고, 그대가 준비해온 무대가 아니고, 아주 평범한 삶을 살아간다고 해도 말이죠. 심지어 예수가 베드로에게 이야기한 남이 그대의 팔을 벌리는 삶을 살아도 말입니다. 사명으로 걸어간다면, 그 영향력은 실로 엄청난 것입니다. 그러니 잊지 맙시다. **그대가 무대에서 주인공이 되는 것이 중요한 것이 아니라, 주인이 그대에게 주는 무대에서 충성하는 것이 중요한 것입니다. 사명을 좇아간다면 그대는 언제든지 예수만큼 낭만적일 수 있습니다.**

부르심으로서의 사명

잠시 정리해봅니다. 성경에서 말하는 사명은, 오늘날 교회의 언어로 해석한 사명이 아니라고 했습니다. 오늘날 교회의 언어로 말하는 사명은 주로 직업, 봉사, 선교로 표현됩니다. 그러나 성경에서 말하는 사명은 '순종'이었습니다. 그러나 기계 같은 순종이 아니라, 인간의 감정을 무시한 순종이 아니라, 하나님을 너무 사랑해서 하는 순종이었습니다. 그리고 그 순종은 정말 엄청난 영향력을 품고 있다고 했습니다.

이제 두 번째 영역에서의 사명을 말해보려고 합니다. 이것 역시 성경에서 강 같이 흐르고 있는 정신입니다. 그것은 바로 '소명'입니다. 그렇다면 '소명'은 무엇일까요? 이것을 가장 자주 사용한 사람은 바울입니다. 바울은 정확한 단어를 사용할 줄 아는 사람입니다. 바울은 이 '소명'을 '부르심'으로 표현하였습니다. 헬라어로 부르심은 '클레토스'(κλητὸς)라는 단어입니다. 이 단어의 용례가 참 재미있습니다. 이 단어는 식사에 초대된(부르심을 받은) 사람을 의미합니다. 그러나 바울이 사용한 '클레토스'는 일반적인 식사보다는, 왕이 자신의 식사에 신하를 단독으로 초대할 때 말하는 그 '부르심'입니다.

우리 한번 생각해봅시다. 보통 한 나라의 왕은 자신의 식사 자리에 아무나 초대하지 않습니다. 왜 그럴까요? 그것은 그 식사 자리에서 어떤 사건이 일어날지 모르기 때문입니다. 암살이 일어날 수도 있고, 음식으로 인한 독살이 일어날 수도 있고, 혹은 협박이 일어날 수도 있기 때문입니다. 따라서 한 나라의 왕은 결코 일반인들과 식사하지 않습니다. 또 특별한 사람과도 식사하지 않습니다. 만약 누군가와 함께 식사를 한다면, 삼엄한 경비병들이 그 자리를 지키게 됩니다. 그리고 그때 이루어지는 만남, 대화, 의미들은 필요에 따라서 어떤 정보의 형태로 누군가에게 전달됩니다. 왕은 이런 것을 부담스러워해서 보통 그 거대한 식사(?)를 홀로 먹습니다.

따라서 왕의 식탁으로의 부르심을 의미하는 단어인 '클레토스'를 생각할 때는 이런 긴장감을 생각해야 합니다. 모두가 알고 있는 그 의미 속에 왕은 지금 어떤 한 명의 신하를 초대합니다. 왕은 그 신하를 왜 초대했을까요? 밥 먹을 사람이 없어서? 혹은 왕이 할 일이 없어서? 아닙니다. **왕이 한 명의 신하를 왕의 식사 자리에 단독으로 초대하는 것은 분명한 이유가 있기 때문입니다. 그것은 공적인 업무가 아니라 사적인 부르심의 성격입니다. 즉, 왕이 신하에게 부탁하는 지극히 개인적인 명령입니다.**

신하의 편에서도 생각해봅시다. 신하가 이 '클레토스'를 받았을 때, 어떤 마음이었을까요?

"에이, 귀찮은데 다음으로 미루자."

"나 말고 다른 사람을 대타(?)로 보내자."

"아, 나 엄청 바쁜데…."

이런 마음이었을까요? 결코 그렇지 않습니다. 그 부르심은 절대 거부할 수 없는 부르심입니다. 그 부르심은 그 전에 있는 모든 약속을 뒤로해야 하는 부르심입니다. 그 부르심은 자신의 부모가 반대해도, 자신의 아내가 아파도, 자신의 자식이 눈에 아른거려도, 반드시 가야 하는 부르심입니다. 그 부르심은 자신의 상황이 어떠하든지 개의치 않고 응해야 하는 부르심입니다. 신하는 신하의 도리로서, 그 부르심에 응하기까지 긴장했을 것이고, 긴장한 만큼 준비했을 것입니다.

이제 왕과 신하는 독대하여 식사를 합니다. 그리고 왕은 신하에게 무엇인가를 부탁합니다. 그것을 위해 부르신 것이니까요. 그러나 중요한 것은 모두가 알 수 있는 공적인 명령은 아닐 것입니다. 왜냐하면, 공적인 명령이라면 굳이 왕이 자신의 식사 자리로 부를 필요가 없기 때문입니다. 그 부탁의 내용이 무엇인지는 모릅니다. 다른 사람은 알 수 없는, 오직 왕과 부름을 받은 신하만 알 수 있는 내용입니다. 그리고 신하는 그날부터 분명한 한 가지 마음이 생겨납니다. 그것은 '반드시 그것을 이루리라'라는 마음입니다. 이것이 성경에서 강같이 흐르는 〈사명〉의 또 다른 이름입니다. 이것이 '소명'과 '사명'의 관계입니다. 그렇기에 이 '부르심의 사명'은 지극히 개인적인 영역의 성격이 강합니다. 모두가 이해해줄 수도 없고, 모두에게 인정을 받을 수도 없습니다. 부르심의 사명은 개인적인 것입니다. 누구를 정죄할 필요도 없고 누구에게 인정받을 필요도 없는 것입니다. 그래서 바울은 사명을 이야기할 때, 지극히 개인적인 차원에서 이렇게 말했는지도 모르겠습니다.

내가 달려갈 길과 주 예수께 받은 사명
곧 하나님의 은혜의 복음을 증언하는 일을 마치려 함에는
나의 생명조차 조금도 귀한 것으로 여기지 아니하노라

사도행전 20장 24절

바울은 '나의 달려갈 길' 그리고 '나의 생명'이라는 1인칭을 사용하며, 그것이 예수에게 부탁받은 명령이라는 것을 정확히 합니다. 혹 그대가 부르심의 사명을 감당할 때, 주위로부터 어떤 아픔과 어떤 서러움, 어떤 인정을 받지 못하는 경험을 하고 있다면, 어쩌면 그것은 잘 가고 있는 것일지도 모릅니다. 바울도 동일하게 그러했습니다.

참으로 슬픈 것은, 많은 사람이 기독교의 '사명'을 이야기할 때, 이익의 관점에서만 생각하는 것 같고 어떤 보상의 관점에서만 접근하는 것 같습니다. 자신에게 이득이 되면 하고, 이득이 안 되면 안 하는 것들, 할 수 있으면 좋고 힘들면 안 해도 되는 것들 말입니다. 흔히 교회 안의 교육부서 봉사, 성가대 같은 것들 말입니다. 그러나 그대는 잊으면 안 됩니다. 그대를 부르신 분은, 그대의 친구가 아닙니다. 그대의 왕입니다.

그대의 왕이 그대에게 부탁한 일의 무게감은 그대가 정하는 것이 아닙니다. 왕이 정한 것입니다. 비록 모두가 그것을 이해하지 못하고 이상하게 생각하고 하찮게 여겨도 말입니다. 무게감은 왕이 정하는 것입니다.

바울의 힘

바울은 신약성경 중 가장 많은 분량을 쓴 사람입니다. 그가 자신이 쓴 성경에서 자주 사용하는 표현이 있습니다. 바로 자신은 하나님께 부르심을(κλητὸς) 받았다는 것이죠. 그러나 참 재미있게도 이 부르심에 어떤 내용이 들어 있는지, 구체적으로 알 수가 없습니다. 2천 년이 지난 지금도 그 부르심의 내용을 연구하고 또 연구할 뿐입니다. 그것을 알 수 없는 이유는 하나님과 바울 단 둘 사이에 이루어진 부르심이기 때문입니다. 그러나 그가 그 부르심을 완수하는 사명을 볼 때, 그 부르심이 어떤 부르심이었는지 조금은 알게 될 뿐입니다.

중요한 것은 바울의 이 분명한 부르심을 그 당시에 있었던 많은 사람이 전혀 인정해주지 않았다는 사실입니다. 그래서 가는 곳곳마다 바울에게 "당신이 사도냐?"라는 비난이 이어졌습니다. 심지어 그 싸움은 바울과 예수의 제자들이 대립하는 부분에서 더 자세하게 살펴볼 수가 있습니다. 그 당시 대부분의 사람은 바울을 인정해주지 않았습니다.

그러나 그대는 바울의 사역과 바울의 사명을 잘 알지 않습니까? 바울은 예수의 제자들이 한 사역을 합친 것보다 더 많은 일을 해낸 사람입니다. 대표적인 것이 이방인에 대한 선교와 로마까지 가는 선교입니다. 당시 예수의 제자들은 예루살렘 안에 머물러 있었습니다. 이 거대한 일을 한 사람은 오직 바울과 그때마다 동행한 소수의 사람뿐입니다. 그리고 바울은 다른 누구보다도 많은 핍박과 환란과 어려움을 겪습니다. 그때의 심정을 바울은 이렇게 표현합니다.

내가 생각하건대 하나님이 사도인 우리를

죽이기로 작정된 자 같이 끄트머리에 두셨으매

우리는 세계 곧 천사와 사람에게 구경거리가 되었노라

우리는 그리스도 때문에 어리석으나

너희는 그리스도 안에서 지혜롭고

우리는 약하나 너희는 강하고

너희는 존귀하나 우리는 비천하여

바로 이 시각까지 우리가 주리고 목마르며

헐벗고 매맞으며 정처가 없고

또 수고하여 친히 손으로 일을 하며 모욕을 당한즉

축복하고 박해를 받은즉 참고

비방을 받은즉 권면하니

우리가 지금까지 세상의 더러운 것과

만물의 찌꺼기 같이 되었도다

고린도전서 4장 9절-13절

그대는 이 말씀을 천천히 보십시오. 바울의 비통함
이 느껴집니까? 바울의 외로움과 지침이 느껴집니까? 바
울의 아픔과 상처가 보입니까? 아무에게도 인정받지 못한
그의 쓸쓸함이 보입니까? 제가 바울이라면, 사역하다가
혹은 전도를 하다가 이 정도의 고난이 오면 모든 것을 포

무명

기할 것 같습니다. 제가 바울이라면, 당장에 모든 것을 그만두고 다른 일을 할 것 같습니다. 자존심은 모두에게 평등한 길이를 가지는 법이니까요.

그러나 바울은 그렇지 않습니다. 그의 발자국은 봄의 역사를 일깨우는 선지자의 발자국이었습니다. 그럴수록 더욱 강해지는 바울입니다. 바울이 어떻게 이 모든 것을 감당하고 이겨냈을 것 같습니까? 그 비밀이 무엇일까요? 바울이 그 모든 핍박과 외로움을 초연하게 견딜 수 있었던 이유는 모든 사람의 인정이 아니었습니다. 모든 사람의 칭찬이 아니었습니다. 그것은 역설적이게도 〈바울의 부르심〉 때문이었습니다. 바울을 부르신 분이 왕(하나님)이었고, 자신은 왕의 명령만을 따르는 사람이었기에, 거기에만 무게감을 둔 것입니다. 사람들에게 인정을 받지 못해도, 동역자들에게 이해를 받지 못해도, 어떤 지지를 받지 못해도 그는 자신의 길을 걸어간 것입니다.

한때 시대의 환호를 머금고 유행했던 말이 있습니다. '긍정의 힘'과 '감사 릴레이'입니다. 또 이런저런 인문학적, 정신분석학적 키워드입니다. 이것들은 인간에게 무한한 가능성의 힘을 일깨워주는 어떤 것들입니다. 저는 이런 언어들을 부정하지 않습니다. 인정하고 좋아합니다. 저 역시 자주 그 효과를 봅니다. 그러나 그대에게 분명하게 한 가지를 말하고 싶습니다. 바울이 그 모든 사명을 감당할 수 있었던 것은 이런 '긍정의 힘' 혹은 '감사 릴레이'가 아니었습니다. 주변 사람들로부터 인정받은 '칭찬의 언어들'도 아니었습니다. 그것은 왕이신 하나님이 바울을 식사 자리로 부르신 '클레토스'(κλητὸς) 때문이었습니다. 그대에게는 이 부르심이 있습니까?

유명을 위하여

'사명'과 반대되는 삶이 있습니다. 그것은 '유명'을 위해서 살아가는 것입니다. 자신의 이름을 위해서, 자신의 인기를 위해서, 자신의 자존심을 위해서 살아가는 것입니다. 사실 그들도 하나님을 위해서 살아간다고 하지만, 그들의 욕망은 지독한 자기 사랑밖에 없습니다. 그들은 하나님과 거래하려고 합니다. 그러나 성공한 적은 없습니다. 성경에 그런 사람들의 이야기가 너무 많습니다. 가인, 사울, 게하시, 아나니아와 삽비라, 마술사 시몬 등등 그들의 역사도 상당합니다. 그리고 이런 역사는 오늘날도 계속됩니다. 물론 성공한 적은 없습니다.

그대는 하나님을 위해서 살고 싶나요? 참 좋은 생각입니다. 정말 좋은 마음입니다. 그러나 그렇다면 그대의 재능, 그대의 능력, 그대의 달란트를 고려해서, 그대의 포지션에서 생각하지 말고, 하나님이 그대를 부르시는 그 음성을 청종하기 바랍니다. 하나님이 그대를 부르시는 부르심이 어떤 것인지를, 아주 오랫동안 기도합시다. 만약 그대가 그대의 삶을 고집해서, 그대가 추구하는 것들을 포기하지 못하고, 그것으로만 하나님을 위해서 살고 싶다면, 그대도 하나님과 거래하려고 할 것입니다. 저는 실패를 장담합니다.

여기서 제 말을 오해해서는 안 됩니다. 저는 그대의 재능, 그대의 달란트, 그대가 살고 싶은 삶의 모양이 잘못되었다고 말하는 것이 아닙니다. 그것들을 활용해서 하나님을 위해서, 교회를 위해서 하는 노력과 열심들은 참으로 선하고 귀한 것이죠. 그러나 거기까지입니다. 사명에 이른 것은 아닙니다. 사명으로 살아가는 것도 아닙니다. 그 이유는 자주 반복해서 이야기하지만, 하나님이 그대에게 주시는 사명은, 그대의 것을 고려하지 않는 왕의 명령이니까요. 왕의 필요에 따라서 그대에게 부탁하는 것이니까요. 분명 그것은 자기부인의 성격이 있습니다.

이에 예수께서 제자들에게 이르시되
누구든지 나를 따라오려거든 자기를 부인하고

자기 십자가를 지고 나를 따를 것이니라

마태복음 16장 24절

무리와 제자들을 불러 이르시되

누구든지 나를 따라오려거든 자기를 부인하고

자기 십자가를 지고 나를 따를 것이니라

마가복음 8장 34절

또 무리에게 이르시되

아무든지 나를 따라오려거든 자기를 부인하고

날마다 제 십자가를 지고 나를 따를 것이니라

누가복음 9장 23절

　　요한복음을 제외한 나머지 복음서에는 '사명'에 대해서 공통으로 아주 단호하고 분명하게 이야기합니다. 당신을 따르는 사명에는 반드시 자기부인의 성격이 있는 것이죠. 그것은 그대의 재능이나, 달란트나, 그대의 어떤 장점들을 활용하는 것이 아닙니다. 그래서 전혀 이해되지 않고 비합리적으로 보이기도 합니다. 심지어 하나님이 실수한 것처럼 보이기도 합니다. 그러나 성경에서 말하는 자기부인의 성격은 반드시 이런 영역이 있습니다. 왜 그럴까요?

무명

그것은 아주 단순한 의미인데, 그대가 하나님을 따르기로 했기 때문입니다. 하나님의 필요에 따라서 살기로 그대가 결심했기 때문입니다. 그것이 부르심의 사명입니다.

자신을 위해서 살아가는 사람들은 아무리 잘 포장해도 유명을 위해서 살아가는 것입니다. 그리고 스스로 생각하길, 자신의 유명으로 하나님을 섬기겠다고 하지만, 대부분 착각입니다. 대부분 그 유명으로 자신의 이름만 더 빛나게 하려고 노력할 뿐입니다. 만약 인간의 유명으로 하나님을 섬기는 메커니즘이 유력한 방법이라면, 성경에서 직접적으로 그렇게 말했을 것입니다. "너는 유명해라_ 그리고 그것으로 하나님을 섬겨라." 그러나 성경은 그렇게 말하지 않습니다. 오히려 인간의 못생긴 욕망과 못된 욕구를 죽이라고 합니다. 자신을 사랑하는 잘못된 방법을 버리라고 말합니다.

하나님은 가벼운 사람을 좋아하십니다. 또 하나님은 유연한 사람을 좋아하십니다. 무엇보다 하나님은 지금 따를 수 있는 사람을 좋아하십니다. 그대의 많은 장점과 특기 그리고 그 특색 때문에 오히려 하나님을 따르지 못하는 것은 아닌지 돌아보아야 합니다. 하나님은 그런 사람들을 그리워하고 있는지 모르겠습니다.

우.리.가.본.교회

이 책을 마무리할 때쯤, 누군가에게 질문을 받았습니다. "저자인 당신은 어떤 과정에 있습니까? '훈련'의 과정에 있습니까? '무명'의 과정에 있습니까? '사명'의 과정에 있습니까?"(누가 봐도 유명은 아니었나봅니다.)

저는 주저하지 않고 대답했습니다. "저는 사명의 과정에 있습니다." 그러자 그가 연이어서 질문하였습니다. "어째서 그것을 확신합니까?" 그때 저는 천천히, 그리고 신중히 가장 소중한 대답을 했습니다. "이제 저에게는 〈우.리.가.본.교회〉밖에 없기 때문입니다." 대답을 하고 나니 마음이 유쾌했습니다. 할 말을 했기에 유쾌한 것이 아니라, 진정 저의 인생에 〈우.리.가.본.교회〉밖에 없다는 것을 다시금 깨달았기 때문입니다.

그동안 저에게 다가온 시간이 어떤 것인지 이름표를 달 수는 없지만, '훈련'의 과정에는 하고 싶은 것, 되고 싶은 것이 많았습니다. 저에게도 먹음직도 하고 보암직도 하고 지혜롭게 할 만큼 탐스럽기도 한, 삶의 가능성이 있었기 때문입니다. '무명'의 과정에서는 버릴 것이 많았고 죽일 것이 많았습니다. 원치 않는 시간들을 만나며, 내가 원하는 것들이 산산조각 나는 것들을 경험했습니다. 그래서 자주 분노했고, 더 자주 분주했습니다. 그러나 그 모든 시간의 끝에 주님은 저를 '사명'으로 부르셨고, '사명'으로 순종하게 하셨습니다. 그것이 바로 '교회 개척'입니다.

'교회 개척'이라는 사명이 어떻게 보면 그리 대단치 않는 이야기지만, 또 반대로 저렇게 보면 평범하지도 않은 이야기입니다. 당시 제 나이 34살, 저의 직분은 전도사, 전도사로서 받았던 월급 80만 원, 결혼한 지 7년이 되었지만 집이 없어서 어머니 집에 얹혀살았고, 최소한의 생활비가 없어서 장모님 가족에 덮여살았습니다. 공부를 잘했지만 학비가 없어서 더 이상 진학할 수 없었고, 사역에 충성하여 열매가 많았지만, 그만큼 경계하는 시선도 많아 더 이상 진보할 수 없었습니다.

인간관계가 넓지 않아 늘 외로웠고, 부족한 재정들로 인해 늘 괴로웠습니다. 그러나 결혼생활 7년 동안 아무리 노력하고 기도를 해도 아기가 생기지 않았다는 것이 가장 힘들었습니다. 마치 하나님이 저를 버린 것 같은 그런 기분을, 매일매일 마주하는 현실이었습니다. 사실, 매년 새해가 오는 것이 너무 싫었습니다. 즉, 저는 결코 교회를 개척할 수 있는 조건의 사람이 아니었습니다. 지금도 이 생각에 변함이 없습니다.

그러나 하나님의 생각도 변함이 없으셨는지, '개척'이라는 정확한 사명을 주셨습니다. 눈물 콧물을 뒤집어쓰는 괴로운 기도를 하였지만, 피할 수 없었습니다. 그래서 결국 사명을 가지고 순종했습니다. 주인의 요구만 생각했습니다. 그렇게 2019년 1월 13일 교회를 개척했습니다. 물론 하늘이 열리는 기적은 전혀 나타나지 않았습니다. 확실한 사명을 가지고 걸었지만, 누구 하나 도와주는 사람이 없었습니다. 교회를 개척할 때, 흔하게 듣는 간증들이 있습니다. 돕는 손길이라든지, 물질의 후원이라든지, 까마귀라든지, 무람없는 시절엔 낭만의 재료들이 있는 법인데, 저에게는 없었습니다. 처음 친구들 4명과 예배를 드렸고, 주일에만 합정동의 작은 사무실에서 예배를 드렸습니다. 1년의 시간이 지났습니다. 형편은 더 어려워져서 교회는 5번 이사를 갔고, 함께하는 성도들도 지쳐갔습니다. 저는 망한 걸까요? 하나님의 음성을 망각한 걸까요?

그러나 재미있는 현상은, 괴로운 마음으로 교회가 이사할 때마다 성도들이 조금씩 조금씩 늘어난다는 것입니다. 저희 교회는 건물은커녕 간판도 없습니다. 그러나 교회에 사람들이 옵니다. 재작년에 방문한 사람만 56명, 작년에 방문한 사람 49명, 올해도 방문한 사람만 13명입니다. 그래서 지금 함께 정착해서 예배를 드리는 사람들이 19명입니다. 물리적인 숫자 19는 작은 숫자지만, 언약이 담긴 19는 마법의 숫자입니다. 그런데 더 재미있는 것은,

오시는 분들이 대부분 '보통의 사람'이 아닙니다. 환난당하고 빚지고 원통한 자들이 주로 모입니다. 마치 아둘람굴(삼상 22:2)처럼 말입니다. 어쩌면 그렇게 닮았는지, 마법 같은 기적이 있다면 여기에 있습니다.

개척한 지 3년이 되었습니다. 시간을 정리해보니, 받은 복을 셀 수가 없습니다. 교회를 개척하면서 늘 외로운 저에게 가족 같은 친구가 생겼고, 늘 괴로운 저에게 삶의 설렘이 생겼습니다. 가장 기적 같은 일은, 교회를 개척하고 나서 임신이 되었습니다. 작년에 출산을 하였습니다. 후천적 맞춤법 색맹과 같이 부족한 제가, 작가가 되었습니다. 작년에는 교회가 건물을 임대했습니다. 우리에게 돈이 없기에 제 이름으로 대출을 받았습니다. 오천만 원입니다. 적지 않은 돈입니다. 교회는 저의 월급을 줄 여건이 안 됩니다. 당연히 대출금을 갚을 능력도 되지 않습니다. 그래서 저는 많은 아르바이트를 합니다. 그러나 그런 것이 하나도 크게 느껴지지 않을 정도로, 저는 교회를, 성도를 사랑하게 되었습니다. 아무리 생각해도, 이 교회를 생각할 때, 제 인생에 아까운 것이 하나도 없습니다.

여전히 저에게 다가온 시간을 정의할 수 없습니다. 그러나 어느 순간부터, 내가 흔들었던 것들과 흔들렸던 나를, 믿음으로 바다에 던지기 시작했습니다. 작은 나의 가능성과 더 작은 나의 현실성으로, 앞날을 계산하는 문법을 저 바다에 던졌습니다. 그런데 신비한 것은, 그래서 내가 소멸한 것이 아니라, 소명한 것이 탄생했습니다. '교회'라는 절대 가치입니다. 누군가 저를 흔들고 뒤집어 반으로 쪼개고 가른다면, 저에게 〈우.리.가.본.교회〉만 남으면 좋겠다는 생각을 하염없이 하는 요즘입니다.[2]

저는 그대에게 생각할 거리를 주고 싶습니다. 저의 사명인 〈우.리.가.본.교회〉는 앞으로 어떻게 될까요? 현상을 해석할 때, 원인을 찾거나 해답을 찾는 문법을 가진 사람들은 '내일'을 계산할 것입니다. 한번 그런 계산으로 이 교회의 '내일'을 바라봅시다. 대한민국의 2021년 위드_코로나with_COVID-19 시대에 〈우.리.가.본.교회〉는 망하기 딱 좋은 교회입니다. 아무리 생각해도 이 교회가 가진 것들로는, '위드_코로나'를 이길 만한 것들이 없기 때문입니다. 저희 교회가 있는 영등포구의 작은 신길동에서, 이 교회가 자립하거나 성장하기에 한없이 열악한 것들만 가득하기 때문입니다. 대부분의 사람들은 개척교회보다는 큰 교회

---

2 〈우.리.가.본.교회〉는 기독교 대한 성결교회입니다. 우리가 성경에서 보았던 교회는 '지금까지도 그리워하고 앞으로도 추구할 교회'라는 마음으로 교회 이름을 지어보았습니다. 영등포구 신길로165에 위치해 있고, 오후 3시에 예배드립니다. 혹시 교회를 찾고 계신 분이 있다면 함께 예배드려요.

를 선호하고, 담임전도사보다는 담임목사를 선호하기 때문입니다. 교회의 불편보다는 편리를 추구하고, 성도의 헌신보다는 쾌적함을 추구하기 때문입니다. 어느 구석을 생각해봐도 저희 교회는, 고운 모양이 없습니다. 저도 그것을 모르는 것이 아닙니다.

그러나 그래서 저는 어차피 실패한 길을 걸어간 걸까요? 어차피 망한 길을 걸어간 걸까요? 결코 그렇지 않습니다. 우리는 결론을 만들어내는 사람들이 아닙니다. '사명'은 결코 그런 것이 아닙니다. 십자가에서 죽을지언정, '주님의 뜻을 이루소서'라고, 거친 폐부의 마지막 호흡까지 그분께 드리는 사람들입니다. 모든 신앙의 선지자들이 그러했습니다. 결과의 유혹에 빠지지 않았던 것입니다. 그러니 저희 교회의 사명은, 믿음으로 보이는 만큼만 걸어갈 것입니다. 망해야 한다면 망할 것입니다. 그것이 '내일'을 묻는 분들에 대한 저의 대답입니다. 더 잘 살려는 몸부림만이 '사명'은 아닙니다. 살아도 주를 위해서, 죽어도 주를 위해서, 그러므로 사나 죽으나 주의 것이 되면 충분한 것이 사명입니다.

우리가 살아도 주를 위하여 살고
죽어도 주를 위하여 죽나니

> 그러므로 사나 죽으나 우리가 주의 것이로다
>
> 로마서 14장 8절

'사명'이라는 이야기를 하면서 조심스럽게 저의 이야기를 해봅니다. 그리고 그대의 마음에 호소해봅니다. 그대가 그리스도인이라면, '인생을 이해하는 방식'이 제발 바뀌어야 한다고 말입니다. '사명을 추구하는 방식'이 진정 바뀌어야 한다고 말입니다.

주님 내가 여기 있사오니

제가 참 좋아하는 찬양이 있습니다. 아마 그대도 좋아하는 찬양일 것입니다. 최덕신 씨의 '주님 내가 여기 있사오니'라는 찬양입니다.

> 주님 내가 여기 있사오니 나를 보내소서
> 나의 맘 나의 몸 주께 드리오니 주 받으옵소서
> 주님 내가 여기 있사오니 나를 써주소서
> 가진 것 모두 다 주께 드리오니 주 받으옵소서

시대가 지난 낡은 찬양 같지만, 부를수록 깊은 맛이

있는 찬양입니다. 단순한 가사이지만, 여기에는 소명의 핵심적인 가치가 다 들어 있습니다. '나를 보내소서', '나를 써주소서' 인간이 하나님께 드리는 이 두 가지 소원이 숭고합니다. 자신이 꿈꾸는 삶을 고집하는 것이 아니라, 하나님의 필요에 따라서 쓰임 받기를 원하는 삶입니다. 그리고 하나님은 지금도 그런 당신의 사람들을 부르십니다. 하나님의 필요에 따라서, 하나님의 시간에 따라서 부릅니다.

오늘 그대가 무엇을 위해서 살아가는지 모르겠습니다. 무엇을 위해서 준비하고 노력하고 애쓰는지 모르겠습니다. 그러나 그것이 누군가를 군림하기 위한 준비가 아니라, 누군가를 섬기기 위한 준비였으면 좋겠습니다. 그 준비의 궁극이 그대의 이름을 위해서가 아니라, 그분의 이름을 위해서였으면 좋겠습니다. 그대의 나이가 몇 살인지는 모르겠지만, 한평생 살면서 1년쯤은, 아니 한 번 정도는 정말 시원하게 그분을 위해서 모든 것들 드리는 삶이 되었으면 좋겠습니다. 그거 하나도 아까운 것도, 바보 같은 것도 아닙니다. 신앙의 가치를 세상적인 가치로 치환하지 않는 용기가 필요합니다. '나를 보내소서', '나를 써주소서' 여기에만 가치를 두는 지혜가, 그대의 인생에 한 번쯤은 필요합니다. 하나님은 그런 사람을 지금도 찾고 계십니다.

그러니 오해하지 맙시다.

그대가 사명을 위해서 걸어가겠다고 한다면,

그대의 못 갖춘 그 모든 것이 아무것도

문제가 되지 않습니다.

내가 네게 명령한 것이 아니냐

강하고 담대하라 두려워하지 말며 놀라지 말라

네가 어디로 가든지 네 하나님 여호와가

너와 함께하느니라 하시니라

여호수아 1장 9절

무명

십자가 앞에서 부서지지 않을 만큼 강한 인간도 없고
십자가 앞에서 일어서지 못할 만큼 약한 인간도 없다

유명

'써주서서 감사합니다' 이 단순한 고백은, 복잡한 인간관계와 더 복잡한 상황
의 한가운데서, '유명'한 그대가 추구해야 할 가장 단순한 얼굴입니다.

보통의 평범한 그리스도인이 할 수 없는 것들 가운데,
'유명'한 그대만이 할 수 있는 '사명'은 분명히
존재할 것입니다.

마지막 이야기

이제 마지막 이야기입니다. 마지막은 '유명'에 대해서 이야기를 해봅시다. 제가 '유명'에 대해서 이야기를 하자고 하면, 그대는 이런 생각을 하겠죠?

> '지금까지 혼자 고상한 척은 다 했으면서
> 결국 〈유명〉을 말하는 건가?'

문득 그대가 이런 생각을 할 것 같습니다. 맞습니다. 고상한 척을 하긴 했지만, '유명'에 대해서 이야기를 해야 할 부분도 있습니다. 마지막으로 성경에서 '유명'을 어떻게 다루는지에 대해서 이야기해보려고 합니다.

유명은 도구다

유명이란 무엇일까요? 이 부분에 있어서는 어떤 개념적인 정의가 불필요합니다. 그대가 생각하는 '유명'이 제가 말하고자 하는 '유명'과 비슷하니까요. 사회적으로 높은 자리에 있고, 좋은 월급을 받고, 고급 외제차를 타고, 넓고 쾌적한 집에서 살고, 무엇보다 많은 영향력과 인지도가 있는 삶입니다.

성경은 인간의 자기부인에 대해서 이야기하고 인간의 유명에 대해서도 이야기합니다. 그러나 성경은 그 유명의 위치를 정확하게 이야기해줍니다. 그 유명은 인간의 목표가 아니라, 인간이 사용하는 도구라는 점입니다. 그리고 당연히 하나님 앞에서는 아무것도 아닌 위치입니다. 하나님은 이 질서를 중요하게 생각합니다. 혹 인간이 소유한 유명이 하나님보다 앞서고, 유명을 소유하기 위해서 하나님을 이용한다면, 하나님은 어김없이 그것을 부수어버리십니다. 성경의 무수한 이야기들이 그것을 증거합니다. 무엇보다 하나님이 한 개인에게 당신의 은혜로 그 모든 것을 주셨는데, 그것을 받은 사람이 결국 자신의 유명을 섬길 때, 그 인간의 모습은 한없이 초라하고 흉악하며 궁색합니다. 그것을 잘 보여주는 것이 '사울'입니다.

또 여호와께서 왕을 길로 보내시며 이르시기를
가서 죄인 아말렉 사람을 진멸하되
다 없어지기까지 치라 하셨거늘
어찌하여 **왕이 여호와의 목소리를**

청종하지 아니하고 탈취하기에만 급하여

여호와께서 악하게 여기시는 일을 행하였나이까

이는 거역하는 것은 점치는 죄와 같고

완고한 것은 사신 우상에게 절하는 죄와 같음이라

왕이 여호와의 말씀을 버렸으므로

여호와께서도 왕을 버려

왕이 되지 못하게 하셨나이다 하니

사무엘상 15장 18,19절, 23절

사울의 비참한 모습은 성경 여러 군데에서 볼 수 있습니다. 그러나 제 개인적으로 가장 비참하고 마음 아픈 장면은 저 부분입니다. 사무엘은 전장에 있는 사울에게 가서 "이 전쟁에서 왕이 하나님을 버렸으니, 하나님도 왕을 버렸다"라는 정확한 메시지를 보냅니다. 사무엘이 저런 무서운 메시지를 보낸 이유는, 사울이 '아말렉을 진멸'하라는 하나님의 명령을 거역했기 때문입니다. 사울은 자신을 위해서 아멜렉의 좋은 것들을 숨겨두었고, 그렇기에 사무엘은 '당신은 하나님께 버림을 받는다'라는 아주 무서운 메시지를 전합니다. 그러나 여기서 깊게 생각해볼 것이 있습니다. 그러면 사울은 왜 이런 바보 같은 일을 행한 걸까요? 사울은 왜 이렇게 평생을 후회할 결정을 했을까요? 사울의 대답도 들어봅시다.

> 사울이 사무엘에게 이르되 내가 범죄하였나이다
> 내가 여호와의 명령과 당신의 말씀을 어긴 것은
> **내가 백성을 두려워하여**
> **그들의 말을 청종하였음이니이다**
>
> 사무엘상 15장 24절

사울은 아주 솔직한 대답을 합니다. 그가 범죄한 이유, 그가 하나님의 말씀을 듣지 않은 이유는, 백성들의 말을 '청종'하였기 때문이라고 합니다. 즉, 백성들의 요구대로 행동한 것입니다. 얼핏 듣기에는 민주적인 자세 같고, 참 좋은 왕의 모습처럼 보입니다. 관점에 따라서는 이런 사울을 버리는 하나님이 나빠 보입니다. 그러나 사울의 내면이, 정말 백성들을 향한 순수에 가득한 마음이었는지도 깊게 생각보아야 합니다. 만약 그렇다면 인간의 마음 깊은 곳까지 아시는 하나님은 다른 내용으로 사울을 책망하셨겠죠. 사울이 하는 저 고백 속에 담겨 있는 사울의 욕망은, 사실 이 땅의 수많은 정치인이 내세우는 대의명분과 동일합니다. 흔하게 들었던 정치 공략들이 있지 않습니까. 국민을 섬긴다고 하지만, 결국 자기 자신을 더 섬기기 위한 행위들입니다. 나라를 위한다고 하지만, 결국 자신들의 이득을 위한 행동들 말입니다.

사울의 욕망은 결국 자신이 백성들에게 '하나님'과 같이 되고 싶은 마음인 것입니다. 그는 자신의 '운명'을 섬긴 것입니다. 하나님이 주신 그 모든 승리의 결과 앞에서 말입니다. 그래서 사울은 버림을 받습니다.

생각해봅시다. 만약 그대가 전쟁 중에 이런 메시지를 받는다면 어떨까요? 물론 사람마다 그 반응이 각각 다르겠지만, 그래도 결국에 참된 회개를 하지 않을까요? 그리스도인에게 하나님께 버림받는 것보다 더 심각한 문제는 없으니까요. 그러나 이 메시지를 받은 사울의 모습은 아주 이상합니다.

사울이 이르되 내가 범죄하였을지라도
이제 청하옵나니
내 백성의 장로들 앞과 이스라엘 앞에서
나를 높이사 나와 함께 돌아가서
내가 당신의 하나님 여호와께
경배하게 하소서 하더라

사무엘상 15장 30절

아주 처절하고 궁색한 모습입니다. 지금 순간만 모면하려는 모습입니다. 백성들과 장로들 앞에서 결국에 높임을 받으려는 행위입니다. 사울은 그날 백성들에게 칭송받는 유명을 소유했을지 모르지만, 하나님께는 버림받는 시간을 경험하게 됩니다. 그리고 그는 이 사건 이후로 질투, 시기, 열등감에 사로잡혀 더 공허하고 더 괴로운 얼굴로 평생을 살아갑니다. 그의 결말은 너무 비참하죠.

이 땅에서 유명을 위해서 살아가는 신앙인들의 모습이 사실 저런 얼굴들입니다. 하나님께서 주신 모든 것들로 하나님을 섬기는 것이 아니라, 자신을 위해서 살아갈 때, 그들의 내면은 더 많은 질투, 시기, 열등감에 사로잡혀 있는지 모릅니다. **참된 신앙은 단순한 도리道理입니다. 그 선이 굵은 도리는 '왕이신 하나님을 섬긴다'입니다. 그러나 불손한 신앙은 복잡한 얼굴입니다. 그것은 '왕이신 하나님을 섬기는 내가 더 멋있어야 한다'입니다.** 그런 유명을 소유하기 위해서, 그 많은 돈을 섬기고, 그 많은 자리를 탐하고, 그 많은 순서지에 자신의 이름을 상위에 기재하려고 아득한 노력을 하는 것입니다. 알지 않습니까. 무리할수록 더 악취가 나는 행동들. 품위라고는 전혀 없는 모습들 말입니다.

신앙이라는 행위는 본디, 하나님을 섬기는 행위입니

다. 신앙이란 그럴 때만 향기가 납니다. 그런 신앙을 추구하는 사람은 가진 것이 없어도 빛나 보입니다. 아무것도 하지 않아도 거대해 보입니다. 멋진 말을 하지 않아도 위대해 보이기도 하지요. 그러나 신앙이라는 행위를 통해서 자기의 이름을 섬긴다면, 그것은 악취가 나는 것입니다. 심지어 모든 것을 가져도 초라하거나 어두워 보일 뿐입니다. 미사여구를 붙여 화려한 언변을 토해내도 안쓰러워 보입니다. 왜냐하면 신앙은 '하나님'이라는 정확한 방향을 가질 때만 발광하는 물체이기 때문입니다. 신앙은 속여도, 감춰도 티가 납니다.

성경은 인간의 유명을 부정하지 않습니다. 단, 유명의 위치를 도구로써만 사용할 뿐입니다. 유명의 위치가 신앙의 목적이 되는 순간, 그 사람의 모습이 일그러진다는 것을 성경은 자주자주 보여줍니다. 인간이 가진 욕망은 '거울아, 거울아, 세상에서 누가 가장 예쁘니?'라고 자주 묻습니다. 그러나 그 물음의 욕망을 채우기 위해 그대의 신앙을 사용하는 거라면, 거울에 비친 그대의 모습은, 빨간 독사과를 들고 있는 할머니의 모습일 것입니다. 거울에 비친 그대는 아름답지 않습니다.

적어도 이 책을 읽고 있는 사람은, 신앙 안에서 자신의 방향을 고민해보는 사람이라고 생각합니다. 그러나 그대가 고민하는 방향이 그대를 더 높이기 위한 열정이 아니길 바랍니다. 어떤 결과에도 자유할 수 있고, 어떤 과정도 받아들일 수 있는 '무명'과 '사명'의 십자가를 품고 있는 전사의 발자국이었으면 좋겠습니다. 그 발자국을 소유한 사람이 봄의 역사를 귀환시키는 시대의 선지자입니다.

유명 이해법

그렇다면 유명을 사용하는 방법은 무엇일까요? 성경에서 유명을 가장 잘 사용했던 사람은 누구일까요? 바울도 있고, 에스더도 있고, 다니엘도 있고, 다윗도 있고 여러 사람이 있습니다. 이들은 모두 자신의 유명을 도구로만 사용한 사람들입니다. 이들은 결코 자신의 유명을 절대시하지 않습니다. 그렇기에 그것이 손상이 가거나, 그것이 닳아지는 것에 특별히 마음을 두지 않습니다.

저는 그대에게 그 대표적인 사람으로 '아리마대 사람 요셉'을 소개해주고 싶습니다.

공회 의원으로 선하고 의로운 요셉이라

하는 사람이 있으니

(그들의 결의와 행사에 찬성하지 아니한 자라)

그는 유대인의 동네 **아리마대 사람이요**

하나님의 나라를 기다리는 자라

누가복음 23장 50,51절

사복음서는 '아리마대 사람 요셉'에 대해서 공통적으로 증거하고 있습니다. 그러나 이 사람만큼 우리에게 알려지지 않은 사람도 없습니다. 마치 '무명'처럼 말이죠. 복음서마다 아리마대 요셉에 대해서 기술하는 것이 약간은 다르지만, 공통적으로 하는 말이 있습니다. 그는 부자이고, 그는 공회원이며, 그는 하나님의 나라를 기다리는 사람이라는 것입니다. 정리하자면 그는 이스라엘의 정치 시스템에서 상위에 있고, 물질적인 부를 가지고 있으며, 경건했던 사람입니다. 당시의 사람들이 부러워하는 위치에 있었던 사람이죠. 즉, 꽤 유명한 사람인 것입니다. 그런 그가, 그 모든 것을 가지고 자신만을 위해서 살아간들 그를 흉볼 사람은 전혀 없습니다.

사복음서에서 아리마대 사람 요셉이 등장하는 장면이 인상적입니다. 그는 예수가 십자가에서 죽은 다음에 등장합니다. 아마 예수의 열두 제자(가룟 유다는 제외하고)는 예수가 십자가에서 죽은 다음에, 그분의 장례법과 죽음 이후의 방향에 대해서 심각하게 고민하였을 것입니다. 또 그런 고민이 무겁고 부담스러워 도망간 사람도 등장하죠. 여하튼 예수의 시체와 장례법은 여간 골칫거리가 아니었을 것입니다. 왜냐하면 이미 예수의 시체는 로마 군인에게 넘어갔고, 나머지 제자들은 로마의 정치 시스템에 다가가 예수의 시체를 요청할 힘도 용기도 없었기 때문입니다. 혹여라도, 예수의 시체를 요구했다가 어떤 오해를 받으면, 자신도 십자가에 죽는 것은 아닐까 하는 두려움도 가득했을 것입니다. 예수의 십자가의 죽음은 그만큼 예민한 문제였습니다. 더구나 이 날은 안식일 직전입니다.

그런데, 그때 등장한 인물이 바로 아리마대 사람 요셉입니다. 그가 빌라도에게 직접 가서 예수의 시체를 요구합니다.

> **그가 빌라도에게 가서 예수의 시체를 달라 하여**
> 이를 내려 세마포로 싸고
> 아직 사람을 장사한 일이 없는
> 바위에 판 무덤에 넣어 두니
> 이 날은 준비일이요 **안식일이 거의 되었더라**
>
> 누가복음 23장 52-54절

사실 이 부분은 너무나 놀라운 이야기입니다. 그의 요

청은 당시에 있어서 가장 예민하고 민감한 예수의 죽음을 다시 한번 들쑤시는 일입니다. 무엇보다 이 요청으로 인해 어떤 오해를 받으면, 당시 공회원으로 있었던 그의 사회적 자리까지 위협을 받을 수 있습니다. 그것은 그의 생활과 관계에 있어서 치명적입니다. 가진 것이 많은 사람이 잃을 것도 많은 법입니다. 아리마대 사람 요셉은 가진 것이 많은 사람인데, 이 문제를 건드린다는 것은 얻는 것보다 잃는 것이 더 많았을 것입니다.

더구나 그가 그것을 요청해야 하는 사람은 '빌라도'입니다. 그는 이스라엘의 정치와 상당히 불편한 적대적 관계에 있는 사람입니다. 빌라도는 그것을 역으로 이용해서 아리마대 사람 요셉을 충분히 힘들게 할 수도 있죠. 또 한 가지 더 깊게 생각해볼 수 있는 부분이 있습니다. 예수는 십자가에서 죽었습니다. 이미 죽은 예수의 시체를 만진다는 것은 정결법을 위반한다는 의미입니다. 아리마대 사람 요셉이 그 시체를 만지는 순간, 그는 이스라엘 사회에서 부정한 사람으로 분리가 됩니다. 본문을 보게 되면, 그 시간이 준비일이요 안식일이 거의 다 된 시간입니다. 이스라엘의 안식일 법은 일체의 노동과 움직임을 금합니다. 즉, 아리마대 사람 요셉은 이스라엘의 안식일 법도 위법할 처지에 놓여 있습니다. 이것은 정말 심각한 문제가 될 수 있다는 의미입니다.

그대라면 이런 예민한 상황에 움직이겠습니까? 그대라면 이런 어려운 일을 할까요? 그대라면 조용히 아무도 모르게 기도만 하고 있지 않겠습니까? 그러나 아리마대 사람 요셉은 갑니다. 그 모든 의미를 등에 짊어지고 빌라도를 직면합니다. 한순간에 모든 것을 잃어도 관계없다는 믿음으로, 그가 그동안에 쌓아 올린 유명을 가지고 빌라도에게 직면합니다. 결과는 어떨까요?

어떤 것이 승리의 의미인지는 나중에 논합시다. 모든 복음서에서 증거하듯이, 그는 예수의 시체를 얻습니다. 그리고 예수의 시체를 세마포로 싸고 안식일이 되는 그 예민한 시간에, 예수의 시체를 돌무덤으로 옮깁니다. 분명 자신의 이름을 사랑하는 사람, 자신의 유명을 섬기는 사람은 할 수 없는 모습입니다. 이것은 용기 있는 모습이고, 숭고한 신앙의 모습입니다. 아리마대 사람 요셉은 그리스도인이 '유명'을 어떻게 사용해야 하는지 보여줍니다. 그대도 알고 있고, 저도 알고 있는 그 '유명'의 위치를 어디에 어떻게 두는지 보여줍니다.

많은 그리스도인은 '믿음'이라는 말을 사용하기 좋아합니다. 그 이유는 믿음을 사용해서 어떤 지점에 도달하거나, 믿음을 사용해서 어떤 것들을 성취하기 때문입니다. 분명 성경에는 믿음을 사용해서 자신이 꿈꾸고 바라는 것들을 성취하는 것이 있습니다. 그러나 그것이 전부는 아닙니다. 그것은 믿음에 관한 반쪽짜리 이해입니다. 참된 믿음은 동전의 양면같이 '성취하는 것'과 함께 '사용하는 것'에 대해서도 균형감 있게 제시합니다. 즉 그대가 가지고 있는 실력, 힘, 자원, 시간을 사용하기를 원하십니다. 그대가 가지고 있는 '유명'을 믿음으로 사용하기를 원합니다. 그대를 위해서가 아니라 사명을 위해서, 주님을 위해서 말입니다. 거기에 무시무시하게 생긴 계산기는 필요 없습니다.

성경은 한 개인이 '유명'을 성취하는 과정에 대해서는 매우 짧게 말합니다. 그것은 '축복'입니다. 하나님이 축복하시니, 한 개인의 인생과 관계와 사회적 지위 가운데 풍성해지는 역사들이 있습니다. 그래서 그 개인이 유명해지는 것을 아주 간결하게 이야기합니다. 우리 인생은 여기에 관심이 많은데, 성경은 왜 이것을 아주 단순하고 짧게 말하는 걸까요? 그 이유는 그것이 신앙의 주된 목표와 관심사가 아니기 때문입니다. 더구나 하나님이 창조하신 인생에 필수적인 영역도 아니고, 사명을 위해서 반드시 필요한 충분조건이 아니기 때문입니다.

대신 성경에서 하나님이 인간을 좀 더 집중적으로 보시는 부분이 있기는 합니다. 그것이 바로 '신앙' 안에서 인간이 무엇을 선택하는지, 무엇을 버리는지, 자신에게 주어진 것들을 어떻게 사용하는지에 관한 것입니다. 이스라엘의 역사서인 사무엘상하, 열왕기상하, 역대상하를 보십시오. 그리고 예수의 수많은 비유들을 생각해봅시다. 하나님은 인간이 무엇을 버리고 무엇을 선택하는지에 관심이 많습니다. 하나님은 인간의 마음이 무엇을 섬기고 있는지에 관심이 많습니다.

그대가 무엇을 가졌는지 모르겠습니다. 그것이 작은 것이든 큰 것이든 상관없습니다. 그것이 평범한 것이든 특별한 것이든 관계가 없습니다. 작은 것이라도 기적은 일어납니다. 오병이어는 어린아이가 가지고 온 그날의 한 끼 식사였을 뿐입니다. 모세의 지팡이는, 언제나 어디서나 볼 수 있는 나무 작대기였습니다.

하나님이 분명 그대에게 주신 어떤 것들이 있습니다. 그러나 그리스도인인 그대가, 그것을 그대의 이름만을 위해서 사용한다면, 그대는 참으로 불쌍한 사람입니다. 왜냐하면 그대는 아직 그리스도인으로서 그대에게 주어진 인생을 이해할 수 있는 기초적인 지식조차 없기 때문입니다. 그래서 비그리스도인과 똑같은 목표를 두고, 똑같은 삶의 가치를 두는 흔하디 흔한 평범한 사람일 뿐입니다. 그대가 매주일 예배에 고급 외제차를 타고 화려한 치장을 하고,

높은 지위 높은 자리에 앉아도 말입니다. 그대에게 관심이 있는 사람은 그대밖에 없습니다. 하나님은 그대에게 그 모든 유명을 주기 위해서 관심을 가지지 않습니다.

아리마대 사람 요셉은 자신이 더 안정적인 삶의 자리에서 살아가는 것에 대해 관심이 없었을까요? 그에게 주어진 이스라엘의 정치 영역을 가볍게 여긴 걸까요? 절대 그렇지 않습니다. 단지 그 모든 의미의 '유명'이 하나님 앞에서는 아무것도 아니라는 것을 확실하게 한 것입니다. 그가 가진 모든 의미의 '유명'은 하나님을 위해서 사용될 때만, 참다운 의미를 가진다고 생각한 것입니다. 그래서 주저하지 않고 자신의 '유명'을 사용합니다.

유명 사용법

그리스도인이든, 비그리스도인이든 자신에게 주어진 '유명'을 계속 유지하고 싶은 마음은 인간의 본성입니다. 그리고 자신의 '유명'을 더 높이기 위해서 노력하는 것은 인간의 욕구입니다. 그것이 종교인이든, 직장인이든, 연예인이든, 기업인이든 마찬가지입니다. 대부분 사람이 자기 자신을 사랑하는 방법이, 자신의 유명을 키우는 방법입니다. 더 나아가 그것을 유지하며 독점하기를 원합니다. 그러나 성경은 그리스도인에게 요구합니다. '유명'은 일시적이고, 순간적이고, 그것을 주를 위해 사용하라고 말입니다.

그리스도인 중에서는 참으로 유명한 사람이 있습니다. 그들이 어떤 기업의 대표이든, 가수든, 배우든, 전문 직장인이든 말입니다. 그들의 빛나는 삶은 많은 이들에게 영향력을 줍니다. 확실합니다. 그래서 그대는 저런 유명한 사람들의 후광을 보며, 그들을 동경합니다. 뭐, 자연스러운 행동입니다. '신앙'과 '유명'이 결합할 때 나오는 빛은 참으로 아름다운 것이죠.

그러나 중요한 것은(조금 냉정한 이야기입니다만), 그들이 가진 '신앙'과 '유명'의 결합으로 비추는 빛도 한때입니다. 그들이 영원히 사그라지지 않는 빛을 내지는 못합니다. 당시에는 참으로 유명한 그리스도인이라도, 결국 그들은 제한적이고 순간적이며 상대적입니다. 제가 너무 부정적이라고요? 제가 너무 편협하다고요? 물론 그럴 수도 있겠지만, 이것은 자명한 사실입니다. 사람의 유명은 뜨기도 하고 지기도 하는 것입니다. 하나님이 인생의 원리를 그렇게 만들어놓으셨습니다.

그렇기에 그리스도인으로서 유명을 이해하는 방법은, 그것이 지극히 제한적인 시간이라는 점을 이해하는 것입니다. 그렇기에 그리스도인으로서 유명을 사용하는 방

법은, 그것을 주를 위해서 적극적으로 사용하는 단순함 밖에 없습니다. 자신에게 있는 유명이 닳아 없어질까봐 아까워하지 않고, 적극적으로 사용하는 것입니다. 그것이 정말 지혜로운 방법이며, 그리스도인으로서 인생을 이해하는 건강한 지식이며, 무엇보다 주인에게 칭찬받을 일입니다. 주인은 그대의 믿음을 칭찬하실 것입니다. '착하고 충성된 종아, 내가 너에게 다섯 달란트를 주었는데, 또 다섯 달란트를 남겼구나. 주인의 즐거움에 함께 참여하라'라고요. **다시 한번 강조하지만, 그리스도인의 목표는 영원히 유명해지는 것이 아니라, 자신에게 주어진 한때의 유명을 주를 위해 사용하는 것입니다.**

핑계대지 말자

유명하지 않은 그대는, 제가 말한 것들을 아주 편안하게 받아들일 것입니다. 그리고 이런 이야기를 하겠죠.

'그거 당연한 것 아닌가?'

그러나 한 번이라도 '유명'을 경험한 사람은, 이것이 얼마나 힘든지 알고 있습니다. 왜냐하면 그리스도인이 경험한 '유명'은 정말 유혹적이고 치명적이며 달콤한 향기를 가지고 있기 때문입니다. 마치, 선악과처럼 말입니다. 그 먹음직도 하고 보암직도 하고 지혜롭게 할 만큼 탐스럽기도 한 열매는, 그대가 하나님처럼 될 수 있다고 자극하기도 합니다. 그대가 그대에게 주어진 동산의 주인이라고 말합니다. 그래서 결국 그대가 가진 '유명'을 결코 하나님을 위해서 사용하지 않게 하죠. 하나님을 위해서 사용하지 말라고 하는 수많은 당위성과 핑계를 심어줍니다. 아주 똑똑하고 지혜롭게 말입니다. 그런 그대에게 에스더를 소개해주고 싶습니다. 그 모든 속임수에도 결코 핑계를 대지 않았던 그녀의 '유명 사용법'을요.

그대가 알고 있듯이, 에스더의 시대에 이스라엘은 바사(페르시아)에 포로로 잡혀 있습니다. 그리고 그 안에 있는 어려운 정치적 역학 관계 속에서, 이스라엘 백성들은 민족 말살 정책으로 인해 심각한 위기 속에 놓여 있습니다. 그러나 그때 에스더는 바사 왕국 아하수에로 왕의 왕비가 되었습니다. 벌써 복잡하죠? 이스라엘 민족 말살 정책 위기의 한가운데에서, 에스더의 삼촌인 모르드개가 이런 이야기를 합니다.

모르드개가 그를 시켜 에스더에게 회답하되

너는 왕궁에 있으니 **모든 유다인 중에**
홀로 목숨을 건지리라 생각하지 말라
이 때에 네가 만일 잠잠하여 말이 없으면
유다인은 다른 데로 말미암아
놓임과 구원을 얻으려니와
너와 네 아버지 집은 멸망하리라
네가 왕후의 자리를 얻은 것이
이 때를 위함이 아닌지 누가 알겠느냐 하니

에스더서 4장 13,14절

지금 이스라엘 민족이 당한 위기를 해결할 수 있는
유일한 사람이 에스더라는 것을 일깨워줍니다. 쉽게 이야
기해서 에스더에게 '사명'을 주는 것이죠. 그러나 이 말을
들은 에스더의 마음은 어떠했을까요? 아니, 더 정확하게
표현하면, 왕비의 자리에 있는 에스더의 마음은 어떠했을
까요?

인간의 마음은 단순합니다. 에스더는 분명 무섭고 두
려웠을 것입니다. 그리고 도망가고 싶겠죠. 복잡하고 심각
한 문제니까요. 분명 그녀의 위치는 여러 가지 핑계를 대
면서, 그 복잡한 문제를 회피할 수 있었습니다. 또한 그녀
의 마음에는 여러 가지 심각한 의문의 덩어리들이 올라올

수도 있었습니다.

'왜 이것을 해결할 사람이 나인가?'

'이스라엘에는(포로지만),
여전히 지도자와 선지자가 있는데 꼭 내가 해야 할까?'

'질서와 제도와 법이 있는데, 꼭 내가 나서야 하는 걸까?'

'삼촌의 말을 듣다가, 나마저 왕비의 자리에서 쫓겨나면
그것이 더 이스라엘의 위기가 아닐까?'

왕후의 자리는 꽤 많은 힘이 있습니다. 그녀는 얼마든지 도망갈 수 있습니다. 그녀는 얼마든지 핑계를 만들 수 있습니다. 꼭 '너'만이 이것을 해결할 수 있다는 삼촌의 말을 얼마든지 무시할 수도 있습니다. 그러나 그녀의 대답은 그렇지 않습니다.

에스더가 모르드개에게 회답하여 이르되
당신은 가서 수산에 있는 유다인을 다 모으고
나를 위하여 금식하되 밤낮 삼 일을

먹지도 말고 마시지도 마소서

나도 나의 시녀와 더불어 이렇게 금식한 후에

규례를 어기고 왕에게 나아가리니

죽으면 죽으리이다 하니라

에스더서 4장 15,16절

에스더는 핑계로 도망가지 않았습니다. 어떤 당위들로 도망가지 않았습니다. '사명'이 요구하는 자신의 부르심을 외면하지 않았습니다. 그녀는 자신의 '유명'을 주를 위해 허비합니다. '죽으면 죽으리이다'라고 고백하면서요.

그리스도인들에게는 꼭 '나'여야만 하는 부르심이 있습니다. 반드시 '나'여야만 하는 사명이 있습니다. 어떤 이들은 이런 생각들이 교만하거나 건방진 것이라고 일축합니다. 마치, 소년 다윗이 사명감을 가지고 골리앗과 싸우려고 하지만, 다윗의 형제들이 다윗에게 교만하다고 면박을 주는 것처럼요. 그런 타인의 시선, 세상의 시선들이 그대의 마음에서 부르는 사명을 외면하게 합니다. 또 수많은 상식적인 핑계들이 그대를 부르는 사명을 외면하고, 멀리 도망가게도 하지요. 그러나 그리스도인에게 그런 태도만큼 못난 모습도 없습니다. 그런 태도만큼 이기적인 모습도 없습니다. 그대의 유명이 조금이라도 손상될까 봐, 하나님

안에서 아무것도 손해 보지 않으려는 마음은 어떤 의미에서는 참으로 악한 마음입니다.

그리스도인들에게는 꼭 '나'여야만 하는 부르심이 있습니다. 반드시 '나'여야만 하는 사명이 있습니다. 누구도 대신해줄 수 없는 '나의 십자가'가 있는 것입니다. 그대가 믿음 안에서 그것이 선명하게 보인다면, 주저할 것이 없습니다. 그 지점에, 인간의 인정을 생각하지 말고, 세상의 시선도 생각하지 말고, 그대의 유명을 사용해야 합니다. 왜냐하면 그대의 유명은 언젠가 사라질 것이기 때문입니다. 그대의 유명이 가지는 힘과 영향력도 언젠가는 사라질 것입니다. 반드시 그럴 것입니다. 그러니, 가장 좋은 '유명 사용법'은 주인의 부르심에 사용하는 것입니다. 혹 그러함으로 말미암아, 그대의 유명이 손해 본다면 그것만큼 영광스러운 일이 어디에 있겠습니까.

에스더는 핑계로 도망가지 않습니다. 합당한 이유들로 거절하지 않습니다. 자신의 유명이 주를 위해서 사용된다면, 그리고 이스라엘 민족을 살릴 수 있다면, 자신이 죽어도 상관없다는 마음입니다. 이런 에스더에게 인생을 잘못 살았다고 돌을 던질 사람이 누가 있을까요?

노래 한 곡에 OOO만 원

겸손할 이유가 있는 시절에, 겸손한 태도를 보이는 것은 그리 대단한 것이 아니고 당연한 것입니다. 그러나 꽤 유명해진 사람이, 한결같이 겸손한 태도를 보이는 것은 정말 어려운 일입니다. 사람은 아주 쉽게 교만해지고, 더 쉽게 자신이 뭐라도 된 것같이 생각하기 때문입니다. 하나님의 은혜로 어떤 '유명'을 얻으면, 자신이 그 누구보다 특별한 사랑을 받은 사람처럼 행동하기도 합니다. 타인의 불편함을 아랑곳하지 않죠. 아니, 타인에게 불편함을 주는 것을 자신의 특권처럼 생각하기도 합니다. 주위를 둘러보면, 그런 사람이 얼마나 많은지…. 특별한 경우를 찾지 않아도 됩니다. 그러나 한결같이 겸손한 사람은 정말 무서운 사람입니다. 그런 사람은 그것이 자연적 인격의 특징이 아니라, 아주 힘들고 고된 훈련을 받은 것입니다. '무명' 장에서도 충분히 나누었지만, 겸손은 훈련으로 탄생한 인격이기 때문입니다.

제가 가르치던 청년 중에, 가수를 준비하고 있는 청년이 있었습니다. 그 청년은 하나님을 위해서 자신의 인생을 준비하고 있다고 자주 이야기했습니다. 만약 자신이 유명한 가수가 된다면, 어떤 무대든지 거절하지 않고 초심으로 노래하겠다고 자주 이야기했습니다. 놀라우신 하나님이 그 청년의 기도를 들어주셨습니다. 그 청년은 어떤 우연한 기회로 단숨에 유명인사가 되었습니다. 노래할 수 있는 무대는 말할 것도 없거니와 광고도 찍고 드라마에도 나왔습니다. 저와는 꽤 특별한 사이였기에, 자주 이런 말을 했습니다. "이 모든 것이 하나님의 은혜이고 전도사님의 응원과 기도 덕분입니다." 물론 이런 말이 흔하디 흔한 인사치레로 한 말일 수 있지만, 적어도 저와 그 청년 사이에서는 '진심'이었습니다.

그러다가 한 3년이 지났을까요? 제가 여름마다 농촌에서 사역하는 어떤 지역이 있는데, 그 농촌에 계신 어른들이 저녁에 옹기종기 모여 앉아서 그 청년이 무대에서 노래하는 TV를 보고 있었습니다. 그리고 감탄사를 연발하며 너무 좋아하시는 것입니다. 그래서 제가 그 분들에게 이야기했습니다.

"어르신들, 저 가수 실제로 보게 된다면 참 좋겠죠?"

참고로 제가 여름마다 농촌에서 사역하는 지역은, 모든 자녀를 출가시키고 홀로 농가를 지키고 계신 분들이 집단으로 거주하는 지역이었습니다. 그 분들은 외로운 분들이었고, 그 분들의 삶의 낙은 저녁에 노인정에 함께 모여서 TV를 보는 것이었습니다.

저는 당장 그 청년에게 전화를 걸었습니다.

"○○○아, 혹시 안 바쁘면,
이번 주에 이곳으로 와줄 수 있니?
나는 지금 여기서 독거노인 사역하는데,
이분들이 무대에서 노래하는 너를 너무 좋아하신다.
네가 와서 함께 손이라도 잡아드리면 참 좋겠다.
내가 이렇게 처음으로 부탁한다."

저는 확신했습니다. 그 청년과 저는 정말 특별한 관계였기에, 제가 이렇게 부탁하면 당장에 달려올 줄 알았습니다. 그리고 저는 그 청년에게 단 한 번도 어떤 무대를 부탁한 적이 없었습니다. 그런데, 그 청년의 대답이 참 재미있었습니다.

"전도사님! 제가 이제 유명해져서요.
노래 한 곡에 ○○○만 원이고,
5시간 스케줄은 ○○○만 원입니다."

저는 너무 당황해서 다시 물었습니다.

"농담이지?"

그 청년이 이야기합니다.

"농담이라뇨! 전도사님,
저 이제 예전에 OOO이 아니에요!!
독거노인 사역이라도 돈이 준비되지 않았으면
저를 부를 수 없어요.
전.도.사.님.이.라.고.해.도.요."

저는 순간 여러 가지 생각이 들었습니다. 이 청년이
한 말 중에 단 한마디도 틀린 말은 없었습니다. 예전과 다
르게 지금은 유명해졌기에 돈이 없으면 부를 수 없다는,
이것만큼 정확한 말이 어디 있을까요? 이것만큼 확실한
말이 어디 있을까요? 그러나 그래서 저는 정말 슬펐습니
다. 단순히 저의 요청을 거절해서 슬픈 것이 아니라, 이 청
년은 하나님의 그 어떤 부르심 앞에서도 '돈'이 아니면 움
직이지 않을 것이기 때문입니다. 그들의 입이 하나님을 찬
양하지만, 결국은 자신의 '유명'을 섬기고 있는 것입니다.
그들의 글이 하나님을 향해 고백하지만, 결국은 자신의
'유명'을 위해서 살아가는 것입니다.

물론, 다시 한번 강조하지만, 사람이 자신의 유명을 위해서, 살아가는 것이 잘못된 것은 아닙니다. 자신의 유명을 위해서 힘을 키우고 그것을 지키려고 하는 것은 본능이니까요. 또한 만약 자신이 유명하다면, 그것을 오직 자신만을 위해서 사용한다고 한들, 아무것도 잘못된 것은 없습니다. 그러나 거기까지입니다. 그 한 사람의 신앙과 믿음은. 잘못된 것이 아니라, 거기까지인 것입니다. 그들은 '사명'을 위해서 살아가는 것이 아닙니다. 아리마대 사람 요셉처럼, 에스더처럼, 베드로처럼, 혹은 그 어떤 하나님의 사람들처럼 주를 위해서 살아가는 사람이 아닙니다. 단지, 이기적인 포지션에서 신앙생활을 하는 것입니다. 자신만을 도와주시기를 바라는 마음으로, 자신만을 높여주시기를 바라는 마음으로 말입니다.

저는 이런 지점이 너무나 슬픕니다. 그리스도인으로 그토록 자신의 인생을 연습하고 준비해온 몸부림이, 결국 다시 자기 자신만을 위한 삶의 지평에 멈추는 지점들이, 너무나 안타깝습니다. 그들은 그 정도로 살기에 너무나 아까운 빛이 있는데, 밭에 감추기만 하는 것입니다. 그들에게 주어진 유명은 더 가질수록 멋진 것이 아니라, 더 버릴수록 멋진 것인데, 그것을 절대 깨닫지 못합니다. 그래서 그들은 결국 다시 원점으로 돌아오게 됩니다. 광야를 걸어도 또 광

무명

야인 것처럼요. 그 원점은 예수를 믿는 사람과 믿지 않은 사람이 같은 지점을 두고 고민하게 되는 것입니다. '무엇을 더 먹을까? 무엇을 더 마실까? 무엇을 더 입을까?' 이 빈틈 없는 욕망의 향연들이죠. 자신의 유명을 위해 더 먹을수록, 더 마실수록, 더 입을수록 슬픈 전락轉落입니다.

써주셔서 감사합니다

반대의 경우도 있습니다. 제가 가르친 청년 중에 연예 인의 포지션에서 신앙생활을 하는 사람도 있습니다. 드라 마도 찍고, 영화도 찍고, 광고도 찍습니다. 그 청년이 매번 주연을 하는 것은 아니지만, 단 한 번도 불평하는 것을 본 적이 없습니다. 그 청년이 입버릇처럼 하는 이야기는 "써 주셔서 감사할 뿐이죠"라는 겸손한 대답뿐입니다. 한결같 은 그 청년의 태도를 보면서, 저 청년은 나중에 반드시 잘 될 거라는 확신이 있었습니다. 겸손한 사람은 하나님도 사 람도 좋아하는 법이니까요.

제가 청년부를 전담하여 섬기던 교회가 있었습니다. 그때 제가 청년들과 함께 계획한 프로젝트가 있습니다. '실패자 간증'이라는 프로젝트입니다. 보통 교회에서 하는 대부분의 간증은 '성공신화' 위주의 간증들입니다. 이런 간증들은 들을 때는 참 좋은데, 이내 돌아서면 다른 생각도 들게 합니다. 그것은 '성공하지 않으면, 인생을 잘못 산 것' 같은 역설적인 효과들입니다. 그래서 더 공허하고 힘든 마음들입니다.

이런 것을 타파하고자, 반대로 해보았습니다. 신앙생활을 하면서, 실패한 사람들의 이야기를 진지하고 천천히 들어보는 것입니다. 많은 그리스도인이 실패하는 술과 담배, 음란, 자위행위, 돈에 관한 유혹, 거짓과 정직의 문제 등등입니다. 실패의 이야기 속에서 참된 시작의 의미를 발견할 수 있다고 믿었습니다. 그리고 이 프로젝트를 기획했을 때, 많은 청년이 호기심을 가지고 좋아했습니다. 그러나 난관이 있었습니다. 그것은 '실패자'를 찾기 힘들다는 것이었습니다. 자신의 실패를 솔직하고 진지하게 나누어줄 사람이 없었습니다. 그 이유는 자신의 모습을 온전히 보여주어야 하고, 거기에는 상당한 용기가 필요하기 때문입니다.

그런데, 그때 이 이야기를 들은 그 연예인 포지션에 있는 청년이 용기 있게 이야기를 했습니다. "전도사님, 제가 하겠습니다!"라고요. 참고로 이 청년은 저와 같은 교회가 아니었습니다. 이 청년은 다른 교회에서 신앙생활을 하고 있었습니다. 저는 이 청년의 용기 있는 모습은 너무 좋지만, 반대했습니다. 저는 "지금 너는 드라마도 촬영 중이고 광고도 찍고 영화도 찍고 있는데, 너의 이미지에 타격이 있으면 어떻게 하냐, 안 된다"라고 말했습니다. 그러자 청년이 그 모든 경우의 수를 접어버리고 이렇게 말했습니다.

"쓰임 받는 게 더 감사한 거죠.
저의 실패를 나눔으로 청년부에 은혜를 끼치고
전도도 된다면, 저의 작은 유명은,
최선을 다한 것입니다."

말 한마디에도 주를 향한 사랑과 진지함이 느껴졌습니다. 그 청년이 더 빛나는 것은, 자신이 섬기는 교회에서도 모두가 귀찮아하고 관심을 갖지 않는 '장애인' 부서를 몇 년 동안 리더로 섬긴 것이었습니다. 행동 하나에도 주를 향한 사랑과 진지함이 느껴졌습니다. 그 청년이 자신에게 주어진 유명을, 자신을 위해 사용하지 않고 주를 위해 사용한다는 것이 너무 귀했습니다.

실제로 그 청년은 실패자 간증을 하였습니다. 술로 인해 괴로워했던 지난 실패들, 신앙생활을 하면서 몇 번이나 무너졌던 미움의 문제들, 원망의 문제들, 분노와 혈기의 문제들을 온전히 나누어주었습니다. 그 간증을 들은 후,

청년부는 그 어떤 수련회에서 받은 은혜보다 더 큰 은혜를 받았습니다. 예배의 시간을 넘어 쉬지 않고 기도를 하였습니다. 더불어 그 간증이 소문이 나서, 전도까지 된 사람들이 여러 명 있었습니다.

　그리스도인들에게 주어진 유명은, 폭발적인 힘이 있습니다. 충만한 에너지가 있습니다. 그것이 내는 빛은 모든 이들의 눈을 멀게 할 만큼 아름답습니다. 그것이 내는 향기는 모든 사람의 걸음을 취해 비틀거리게 할 만큼 풍성합니다. 그러나 그것이 전부가 아닙니다. 반복해서 말하지만, 그리스도인에게 주어진 그 유명은, 지극히 순간적입니다. 제한적입니다. 그것이 평생 빛날 것처럼 반짝반짝 빛을 내어도, 결코 그것은 영원할 수 없습니다. 그렇기에 주저하지 말고 주를 위해서 사용해야 합니다. 그것이 돈이든, 시간이든, 그대의 이름이든 말입니다.

　'유명'을 가지고 있는 그리스도인 중에, 자신이 그리스도인임을 너무 감추려는 분들이 있습니다. 물론 여러 가지 사정이 있을 것입니다. 개인의 성향일 수 있습니다. 또한 개인의 철학일 수도 있겠죠. 그러나, 그대가 가진 '유명'은 감춰만 두기에 너무 아까운 에너지들입니다. 모두가 그대와 같이 '유명'할 수 없습니다. 그대에게 주어진 '유명'은 정말 특별한 은혜입니다. 그렇기에 '유명'을 대하는 그대의 신앙고백은 에스더와 같아야 합니다.

> **네가 왕후의 자리를 얻은 것이**
> **이 때를 위함이 아닌지 누가 알겠느냐 하니**
> 에스더가 모르드개에게 회답하여 이르되 (중략)
> **규례를 어기고 왕에게 나아가리니 죽으면 죽으리이다**
>
> 에스더서 4장 14-16절

그대의 신앙의 태도는 아리마대 사람 요셉과 같아야 합니다.

> **그가 빌라도에게 가서 예수의 시체를 달라 하여**
> 이를 내려 세마포로 싸고
> 아직 사람을 장사한 일이 없는
> 바위에 판 무덤에 넣어 두니
> 이 날은 준비일이요 **안식일이 거의 되었더라**
>
> 누가복음 23장 52-54절

'써주셔서 감사합니다' 이 단순한 고백은, 복잡한 인간관계와 더 복잡한 상황의 한가운데서, '유명'한 그대가 추구해야 할 가장 단순한 얼굴입니다. 보통의 평범한 그리

스도인이 할 수 없는 것들 가운데, 그대만 할 수 있는 '사명'은 분명히 존재할 것입니다. 그것을 발견할 때, 하나님이 그대에게 왜 '유명'을 주셨는지도 깨닫게 될 것입니다. 그대의 인생을 지금으로만 판단하지 않기를 바랍니다. 지금의 기준에서 10년 뒤, 20년 뒤, 30년 뒤를 계산하고 예상하는 것은 참 바보 같은 일입니다. 그 이유는 지금까지 이루어진 것들은 그대가 계획하고 준비해서 이루어진 것이 아니라, 하나님의 은혜로 된 것이기 때문입니다. 계획보다 더 큰 것이 은혜입니다.

그러나 반대로 30년 뒤의 관점에서, 20년 뒤의 관점에서, 10년 뒤의 관점에서 유명한 그대의 오늘을 해석해봅시다. 그대는 무엇을 후회하고 있을까요? 그대는 무엇을 그리워하고 있을까요? 그것은 분명, 그대의 것을 더 잡으려고 했던 오늘의 몸부림일 것입니다. 이미 충분하지만, 더 가지려는 욕심은, 그대를 더 유명하게 만드는 것이 아니라 더 애처롭게 만들 뿐입니다. 그대가 갈라지는 인간관계, 그대가 놓치는 기회들이 모두 여기에 있습니다. 이미 '유명'한 그대가 30년 뒤, 20년 뒤 가장 후회할 모습은 '오늘의 욕심'입니다. 또 다르게 말하면, 30년 뒤, 20년 뒤 가장 후회할 모습은 그대의 '유명'을 가지고도 주를 위해서 한 가지도 '쿨_하게' 사용해보지 못한 자세일 것입니다.

자신의 위치가 어느 정도의 '유명'에 있다면, 그대야 말로 반드시 다시 십자가 앞에 서야 합니다. 십자가는 처음 예수를 믿는 사람들에게만 필요한 것이 아닙니다. 첫 꼭지에서도 나누었지만, 처음 예수를 믿는 사람들의 시작의 모양은 오히려 더 다양합니다. 오히려 반드시 십자가가 필요한 사람은 어느 정도 '유명'한 그대입니다.

그대가 십자가를 만나야 하는 이유는, 회개와 은혜받기 위해서가 아닙니다. 혹은 중생과 거듭남을 위해서도 아닙니다. 그대가 십자가를 만나야 하는 이유는, 결국 예수가 그 모든 의미를 가지고 십자가를 선택했기 때문입니다. 십자가는 볼 때 의미가 있습니다. 그러나 십자가는 질 때 더 의미가 있는 것입니다. 신앙생활의 여정 속에 분명 십자가를 바라보아야 하는 시간들이 있습니다. 십자가를 바라보며 한없이 그분의 사랑을 느끼고, 회개하고, 다시 새롭게 태어나는 은혜를 추구해야 하는 시간도 있죠. 저 위대한 십자가는 바라만 보아도, 사람을 새롭게 합니다.

그러나 그것이 전부가 아닙니다. 더 성숙한 신앙은 십자가를 짊어져야 합니다. 자신의 옷이 갈기갈기 찢어지고, 등짝이 터져나가고, 멸시를 받고, 사람들에게 잊혀져도 말입니다. 그래서 결국 자신이 가진 모든 것을 사용하게 되어도 말이죠. **왜냐하면 그리스도인의 영광은 십자가를 지**

는 것이기 때문입니다. **이것이 그리스도인의 인생을 이해할 때, 최고의 영광입니다. 그대의 운명은 여기까지 자라나야 합니다.** 이것은 누구나 할 수 있는 것이 아닙니다. 아리마대 사람 요셉 같은 사람이, 에스더 같은 사람이 할 수 있는 것입니다. 어느 정도 '유명'한 그대가 해야만 하는 것입니다. 그대는 알지 않습니까? 그대가 바라볼 십자가 말고, 그대가 져야 할 십자가가 어떤 것인지를.

예수의 인생 사용법

마지막으로 한 가지 이야기를 하려고 합니다. 그것은 '예수의 인생 사용법'입니다. 예수님은 하나님의 아들로서, 선명한 사명에 사로잡힌 인생을 사셨습니다. 그래서 흔들림이 없고, 주저함이 없이 자신의 길을 걸어가셨죠. 그분의 발걸음은 모든 신앙인의 이정표가 되었습니다. 그리고 그분의 발걸음의 종착지인 십자가는 모든 이들의 구원의 상징이 되었습니다. 하나님의 아들로서 예수는 지금도 여전히 찬란하게 빛납니다. 우리는 이 예수를 사랑하고 예배합니다.

그러나 예수는 '하나님의 아들' 말고도 '인간의 아들'이기도 하십니다. 요셉과 마리아의 아들입니다. 그래서 다르게도 생각해봅시다. 그분은 당시의 시대에 요셉과 마리아의 아들로서 '유명'하셨을까요? 아닙니다. 전혀 그렇지 않습니다. '예수'라는 이름이 우리에게는 너무나 중요한 이름이지만, 당시의 시대에서는 흔하디 흔한 평범한 이름입니다. 그런 그분은 분명 그 시대의 '무명'이셨습니다. 이 지점은 굉장히 중요한 지점입니다.

그렇다면 예수는 그분에게 주어진 평범한 이름과 더 평범한 인생을 어떻게 이해하고 사용하셨을까요? '하나님의 아들' 예수 말고, '인간의 아들' 예수의 인생 사용법은, 그리스도인에게 인생을 어떻게 대하고 사용해야 할지 분명한 방향을 제시합니다. 더 나아가 '유명'한 그대에게 인생을 어떻게 대하고 사용해야 할지를 선명하게 보여줍니다. 그것을 한마디로 이야기하면 '웰-다잉'well-dying입니다. 즉, 잘 죽는 법입니다. 그것을 보여주는 것이 그분의 십자가입니다.

예수는 그의 죽음을 가리켜 말씀하신 것이나

그들은 잠들어 쉬는 것을 가리켜
말씀하심인 줄 생각하는지라

요한복음 11장 13절

이렇게 말씀하심은

자기가 어떠한 죽음으로

죽을 것을 보이심이러라

요한복음 12장 33절

이는 **예수께서 자기가 어떠한 죽음으로**

죽을 것을 가리켜 하신 말씀을 응하게 하려 함이러라

요한복음 18장 32절

이상하게 예수님은 자신의 인생을 사용하는 것에 있어서, 어떻게 살지보다 어떻게 죽을지에 대해 관심을 많이 가지신 것 같습니다. 잘사는 법보다는 잘 죽는 법에 대해 관심을 가지고 있습니다. 예수의 삶은 오늘날 우리가 시대의 언어로 이야기하는 웰빙well-being의 가르침을 무색하게 합니다. 잘사는 법이라고 가르치는 범위에 있는 '무엇을 먹을지', '무엇을 마실지', '어디에서 거할지' 이런 문제들에 대해서 예수는 상당히 유연합니다.

그러나 죽음에 있어서만큼은 상당한 집중력을 가지고 있습니다. 그 집중력은 십자가입니다. 그래서 빌라도 앞에서도 한 가지의 흔들림 없이 자신의 이야기를 하고, 헤롯 앞에서도 한 가닥의 주저함 없이 하늘의 이야기를 합

니다. 물론 예수의 십자가는 하나님께서 주신 사명이기에, 그럴 수 있습니다. 예수의 십자가는 온 인류의 구원 문제와 직결되어 있기에 분명, 그렇게 생각할 수 있습니다. 예수의 십자가를 그렇게 신화적 요소로서만 이해할 수도 있습니다.

그러나 조금만 다르게도 생각해봅시다. 하나님의 아들로서 대하는 십자가 말고, 인간의 아들로서 대하는 십자가를 생각해봅시다. 예수는 자신에게 주어진 인생을 사용하면서 죽음의 문제에 대해서 상당히 많은 관심을 가졌습니다. 그분이 가진 죽음의 관심은 '죽음 이후의 세계'가 아니라, '죽음의 모양'이었습니다. 그리고 이것은 그대가 그대에게 주어진 인생을 어떻게 사용해야 하는지를 보여주는 좋은 메시지입니다. 그것은 결국 그대도 결국 죽을 것이라는 메시지입니다. 그리스도인은 자신에게 주어진 인생을 사용하면서, 그 죽음의 모양까지 구체적으로 관심을 가지고 결정해야 한다는 메시지입니다. 그대의 신앙이 여기까지 자라나야 합니다. 그리스도인의 신앙은, 반드시 여기에까지 깊은 관심을 가져야 합니다. 그 이유는 우리의 죽음은, 영생의 시작이기 때문입니다. '유명'한 그대라면, 더욱더 되는 대로 살아서는 안 됩니다. 막살아서는 안 됩니다. '유명'한 그대의 삶은 모든 이들의 발자국이기 때문입니다. 삶의 모양도 그러거니와 죽음의 모양도 그러합니다. 죽는 순간까지 그리스도인다운 품위를 잃어버리지 않아야 합니다. 그것이 그리스도인에게 주어진 '유명 사용법'입니다.

'유명'한 그대는 예수의 십자가를 조금 더 깊게 묵상해보았으면 좋겠습니다. **그분의 죽음은, 자연적 죽음이 아닙니다. 그분의 죽음은 자신에게 주어진 인생을 사용하면서, 하나님을 향한 최고의 신앙을 표현해낸 모양입니다. 그것이 그분의 십자가입니다.** 그리스도인의 인생의 사용법은 여기에까지 관심을 가져야 합니다. 그대가 어떻게 죽을지를 알면, 그대에게 주어진 인생을 어떻게 살지가 자연스럽게 결정됩니다. 그대가 유명하다면 십자가를 만나야 합니다. 여기에서 그대의 주어진 인생을 다시 공부하고, 그대에게 주어진 유명의 의미들을 다시 만나며, 그대의 이름에 얽혀 있는 수많은 것들을 다시 정돈해야 합니다. 그대의 유명은 그대의 것이 아니라, 주님이 주신 것입니다.

저는 여기서 그대의 마음의 소리가 들립니다. 복잡해지는 그대의 마음, 분주해지는 그대의 마음, 무엇인가를 포기하거나, 다시 추구해야 하는 그대의 마음들 말입니다. 왜요? 그대는 '유명'하니까 말이죠. 그러니 유명한 그대는 자기 죽음의 모양을 신중하게 결정한 예수의 십자가를 만나야 합니다. 유명한 그대는 십자가부터 시작해야 합니다. 십자가 앞에서 부서지지 않을 만큼 강한 인간도 없고, 십자가 앞에서 일어서지 못할 만큼 약한 인간도 없습니다. **이젠 어떻게 죽을지를 고민해봅시다. 그대의 죽음의 모양은, 그대의 신앙의 모양입니다.**

닫으며

—

나는 왜 이런 주제로 책을 쓰게 되었을까. 아무래도 미래의 나는, 오늘의 나에게 말을 걸고 싶었나보다. 미래의 내가, '오늘'이라는 공간감에 달갑지 않은 나의 시절을 읽었나보다. 그간 많이 버텼고, 괴롭고, 아파서, 이제는 정말 끝이라고 생각하는, 오늘을 향한 나의 시린 판단력을 읽었나보다. 그래 사실, 나는 모든 것을 포기하고 싶었다. 무엇보다 외로웠으니 말이다.

그러나 그때, 예언자를 닮은 그날의 손이, 배신자를 닮은 나의 손을 덥석 잡더라. 뜻대로 안 되는 가장 못생긴 현실 속에, 용기는 이렇게 내는 거라고, 믿음은 이렇게 발휘하는 거라고, 기도는 이렇게 하는 거라고. 무엇보다 네가 배우고 익힌 신앙의 세계는, 지금 포기하기엔 너무 아까운 에너지라고 말이다. 아직도 가야 할 길은, 여전히 그 길이라고 말이다.

—

무명無名. 신앙으로 검질기게 준비해보지 않은 사람은, 이 시간이 주는 아득한 내력을 모른다. 하나님을 찾을 수 없고, 하나님을 잡을 수도 없는 시간들 말이다. 그러나 그대에게 있는 온 감각을 다 신경질로 세워서, 골똘하게 고민해보자. 그대의 입장에서 말고, 하나님의 입장에서 말이다. 왜 하나님은, 하나님을 잡을 수도, 볼 수도 없는, 이 시간을 우리에게 꼭 허락하시는가?

성경의 내력을 보건대 그건, 아주 단순한 것들, 감각들을 가르치기 위함이다. 보이는 것, 잡히는 것, 맛볼 수 있는 것, 들리는 것, 만질 수 있는 것, 생각할 수 있는 것, 계산할 수 있는 것이 전부가 아님을 일깨워주기 위함이다. 그대가 전부라고 말할 수 있는 감각은 오직 '하나님'이어야 함을 새겨주기 위함이다.

하나님이 우리에게 주신 무명의 훈련은, 전설 같은 선지자들이 수련했던 동일한 훈련 방식이다. 그 훈련 속에서, 선지자들도 발견한 것을, 우리도 발견하기 원한다. 그것은 오래된 새 길, 오래된 새 맘, 오래된 새 힘의 문법들이다. 그 오래된 새 것들은, 여전한 강력으로 세상의 거대함을 부수기에 충분하다. 다윗이 골리앗을 때려잡았던 돌멩이는 여전히 이스라엘의 해변에 있다. 그러니 전설 같은 선지자들이 걸었던 놀라운 세계는, 오늘도 우리에게 열려 있는 길이다.

어쩌면, 무명의 시간 속에 주어진 예기치 않는 시간, 뜻밖의 장소야말로 새로운 삶의 문지방인지도 모른다. 그대가 새로워지길 원한다면, 지렁이같이 기어서라도 그곳을 넘어야 한다. 무명의 과정에 있다면, 의도하지 않은 모든 시간을 '안녕'으로 받아들이자. 결코, 하나님은 실수하

지 않으시니 말이다. 그날의 그들과 우리의 오늘은, 아주
닮아 있었다.

무명

초판 1쇄 발행	2021년 7월 19일
지은이	김일환

펴낸이	여진구		
책임편집	안수경 김도연 최은정		
편집	이영주 기은혜 정선경 최현수 김아진 정아혜		
책임디자인	노지현 조아라 ┃ 마영애 조은혜		
기획·홍보	김영하		
마케팅	김상순 강성민 허병용	**마케팅지원**	최영배 정나영
제작	조영석 정도봉	**경영지원**	김혜경 김경희

303비전성경암송학교 유니게과정　박정숙 최경식
이슬비전도학교 / 303비전성경암송학교 / 303비전꿈나무장학회　여운학

펴낸곳　규장

주소　06770 서울시 서초구 매헌로 16길 20(양재2동) 규장선교센터
전화　02)578-0003　　**팩스**　02)578-7332
이메일　kyujang0691@gmail.com　　**홈페이지**　www.kyujang.com
페이스북　facebook.com/kyujangbook　　인스타그램　instagram.com/kyujang_com
카카오스토리　story.kakao.com/kyujangbook
등록일　1978.8.14. 제1-22

ⓒ 저자와의 협약 아래 인지는 생략되었습니다.
이 출판물은 저작권법에 의해 보호를 받는 저작물이므로 무단 전재와 무단 복제를 할 수 없습니다.

책값　뒤표지에 있습니다.
ISBN　979-11-6504-122-9 03230

규┃장┃수┃칙

1. 기도로 기획하고 기도로 제작한다.
2. 오직 그리스도의 성품을 사모하는 독자가 원하고 필요로 하는 책만을 출판한다.
3. 한 활자 한 문장에 온 정성을 쏟는다.
4. 성실과 정확을 생명으로 삼고 일한다.
5. 긍정적이며 적극적인 신앙과 신행일치에의 안내자의 사명을 다한다.
6. 충고와 조언을 항상 감사로 경청한다.
7. 지상목표는 문서선교에 있다.